Anthologie 2021

AUTORINNEN
VEREINIGUNG

Bibliografische Information der Deutschen Nationalbibliothek:
Die Deutsche Nationalbibliothek verzeichnet diese Publikation
in der Deutschen Nationalbibliografie; detaillierte bibliografi-
sche Daten sind im Internet über http://dnb.dnb.de abrufbar.

Eigenlektorat der Autorinnen
Cover: Lucie Pilate
Satz und Gestaltung: Rea Gorgon
Herstellung und Verlag: BoD – Books on Demand, Norderstedt

ISBN: 978-3-7534-3519-0

Anthologie 2021

Textsammlung von Autorinnen der

Autorinnenvereinigung e.V.

Autorinnen

Auftakt zu »Yolka entdeckt die Welt«
Eine Geschichte aus dem Weltwirker-Universum

»Holt Sofiel dich ab? Wann holt Sofiel dich ab?« Es war Prachil anzusehen, dass er keinen weiteren Outfitwechsel meinerseits ertragen wollte. »Was sagst du hierzu?« Ich ignorierte sein Unbehagen und drehte mich vor ihm. Jetzt trug ich ein dunkelblaues Kleid, das mir bis zu den Knöcheln reichte, dazu eine Strickjacke. »Geht das?« Ich deutete von dem Blau der Jacke zum Blau des Kleides, das eine andere Schattierung hatte. Prachil sah aus, als wollte er schreien. Er streckte eine Hand nach mir aus. Eine gegerbte Hand, die immer noch Schwielen aufwies, die von seinem Flammenschwert stammten, trotz der Jahre ohne Aufträge. »Ich bringe dich zu ihr.« Er griff nach meinem Ellbogen. Ich spürte den Sog der Gedankenreise an mir, als ich nach der schmalen Mappe mit meinen Bewerbungsunterlagen griff.

Für einen Moment fühlte es sich an, als wären mein Gehirn und mein Körper voneinander getrennt, als wäre eins der beiden stehengeblieben. Als sie sich mit einem Hechtsprung wieder vereinten, blieb ein zuckerwattiges Gefühl zurück. Könnte ich alleine auf Art der Engel reisen, auf meinen Gedanken, ich würde nichts anderes mehr machen, den ganzen Tag lang. Ich gab einen Seufzer von mir, der so weggetreten war wie mein schwankendes Gehirn. Mit geschlossenen Augen genoss ich den Rausch.

»Viel Erfolg«, sagte Prachil und der Griff um meinen Arm löste sich auf.

»Warte!«, rief ich, doch er war schon weg. Das Prickeln aus dem Kopf zog in meinen Bauch. Gänsehaut stellte mir die Haare im Nacken auf. Ich zog die Strickjacke eng um mich. »Ruhig, Yolka«, flüsterte ich mir selbst zu. »Du bist im Himmel, kein großes Ding.

«Ich wappnete mich für die Schönheit, die vor mir liegen musste und die ich nur aus Erzählungen kannte. Prachil erging sich gerne in endlosen Beschreibungen der Lichtseile, aus denen seine ehemalige Heimat geknüpft war. Sogar Achaiah ließ sich hin und wieder zu Schwärmereien hinreißen.

Strahlend hell war es dort, mit einer Spannung in der Luft, die Funken schlug und Wellen von Glückseligkeit in seinen Bewohnern auslöste. Ich kannte keinen einzigen Engel, der sich nicht nach dem Zuhause sehnte, das er hatte aufgeben müssen, um auf der Erde zu leben.

Unfassbar, dass ich diese Herrlichkeit würde erleben dürfen. Zweifellos, um dann den Rest meiner Existenz von diesem einen Moment zu zehren.

Ich öffnete die Augen.

Der Boden bestand aus grauen Steinplatten. Kein Riss machte sie einzigartig, keine abgeschlagene Ecke. Wie geklont ordneten sie sich aneinander. Links und rechts von mir exakt ausgerichtete Steinbänke, ein endloses, graues Meer. Ein Gang führte nach vorne, wo graue Tische in einem Halbkreis angeordnet waren. Davor eine einsame kürzere Bank, eher ein Hocker. Es gab keine Wände und doch hatte ich das Gefühl, in einem engen Raum eingeschlossen zu sein. Über mir nichts, außer noch mehr Grau. »Das soll der vielgepriesene Himmel sein?«, fragte ich laut.

»Natürlich nicht.« Beim Klang der Stimme sprang ich zur Seite, direkt gegen eine der Steinbänke. Mein Schienbein jaulte auf und ich gleich mit ihm. Ich plumpste auf die Bank und rieb mir die Stelle, an der sich bereits ein Bluterguss ausbreitete. Einen Wimpernschlag später manifestierte sich der unscheinbarste Engel vor mir, den man sich nur vorstellen konnte. Das mausgraue Haar trug Sofiel zu einem uninspirierten Bob geschnitten, nichts an ihr war markant, sogar die Stimme schmucklos. Hatte ich etwas anderes vom Engel der Buchhaltung erwartet?

»Das hier ist ein Zwischenreich. Dein Arbeitsplatz.« Sofiel drückte mir zwei Dinge in die Hände: Ein super schlankes Notebook und eine museumsreife Akte, deren lederner Umschlag so brüchig war, dass ich befürchtete, sie würde unter meinen Fingern zu Staub zerfallen.

Jegliches Anzeichen von Intelligenz floh aus meiner Mimik. Ich wusste nicht, was sie von mir erwartete.

»Hast du Fragen?« Ihre Betonung stellte klar, dass ein vernunftbegabtes Wesen keine Fragen haben sollte.

Ich wand mich unter ihrem Blick. »Ich, äh, dachte, ich wäre zum Vorstellungsgespräch hier.«

»Du hast den Job bekommen.« Sie deutete auf Notebook und Akte, als wäre damit alles geklärt.

»Danke«, sagte ich hastig, denn ich brauchte wirklich, wirklich einen Job. »Was soll ich damit machen? Was ist meine Aufgabe?«

Sofiels Mundwinkel zuckten und ich sah mich schon weiterhin arbeitslos auf der Couch meiner Freunde schlafen. Doch es war ein Lächeln, das sich auf das Gesicht des faden Engels legte. »Verzeih. Es ist hart, in einer Gegenwart zu sein, deren Zukunft man kennt. Du hast keine Ahnung, natürlich.« Sie setzte sich neben mich, nahm mir das Notebook ab und klappte es auf. Es hatte einen Touchscreen, auf dem sie geübt herumwischte. »Lass uns deine Qualifikation testen.« Sie drückte mir einen Eingabestift in die Hand. »Mal mir unsere Welt auf.«

Ich gehorchte und zog zwei horizontale Striche, mit denen ich den Screen unterteilte. Himmel, schrieb ich in den obersten Teil, Erde in den mittleren und darunter Hölle.

Sofiel klatschte begeistert in die Hände. »Yolka, du bist perfekt für diese Aufgabe!« Sie nahm mir den Pen ab und zeichnete ineinander verschlungene Spiralen in meinen Himmel. »Du bist kein Teil des göttlichen Plans. Das bedeutet, du hast hier«, sie markierte ein paar Punkte in den Kringeln, »keine Freunde.« Um Erde und Hölle herum zog sie einen Kreis, der beide einschloss. »Und hier keine Feinde.«

»Was ist das hier?« Ich tippte auf einen Punkt, den meine neue Chefin unter der Hölle gesetzt hatte.

»Muniels Höhle.«

»Natürlich.« Wer, verdammt, war Muniel?

»Deine Unwissenheit macht dich neutral.« Sofiel seufzte. »Zumindest für eine Weile.« Traurigkeit zog wie Wolken in ihren blassen Augen auf. »Ich wünschte wirklich, du hättest auf mich gehört.« Als ihr klar wurde, was sie gesagt hatte, verbesserte sie sich schnell. »Ich wünschte, du würdest auf mich hören.«

»Was habe ich getan?« Ihre Strenge zog mir den Hals zu.

»Noch nichts.« Sie stellte das Notebook auf die Steinbank und stand auf. »Du wirst meine Akten digitalisieren. Wie du das machst, überlasse ich dir. Überlege dir ein System.« Sie zeigte auf die Ledermappe. »Wenn du damit fertig bist, bekommst du die nächste.«

»Was ist mit dem Finanziellen?« Die Worte polterten gröber aus mir heraus, als ich es wollte. Ich hasste es, über Geld zu sprechen.

»Mit dieser Anstellung bist du anderen Engeln gleichgestellt, zumindest wenn es darum geht, versorgt zu sein. Du wirst immer haben, was du brauchst.« Fragezeichen ploppten auf meinem Gesicht auf wie Sommersprossen. »Frag deine Mitbewohner«, sagte Sofiel schnell. »Steh auf.«

Mein Schienbein pochte immer noch, aber ich gehorchte. Sofiel legte mir die Hand auf die Stirn, als wollte sie Fieber messen. In meinem Kopf britzelte es, wie bei einem Kurzschluss.

»Was war das?« Ich schüttelte den Kopf, mein Gehirn juckte.

»Ich habe eine deiner Engelfähigkeiten aktiviert. Du kannst jetzt auf Gedanken reisen.« Sie drückte mir den Oberarm. »Willkommen an Bord.«

LÄUFTS BEI DEN ANDEREN ...

auch so beschissen wie bei uns?

Waschmaschine, Tumbler, Frigo – Freezer Kombi und jetzt der Boiler explodiert. Ich breche mir den Arm, danach stürze ich so blöd und hab nur noch Schmerzen in den Füßen und Beinen, kann nicht laufen, nehme einen Haufen Medikamente, die nichts bewirken, doch noch mehr Schmerzen und Schwellungen am ganzen Körper, Zoff mit dir und seit ewig keinen Sex ...?!

Also, das Kind kommt im September. Sie, 33, Kindergärtnerin, 46 qm, schwanger von einem noch verheirateten Mann, der sich scheiden lässt, 170.000 € Schulden, das Haus, hat, Unterhalt für Ex – Frau und zwei Kinder zahlen werden muss, einen normalen Job und mehrere Nebenjobs hat.

Mmmmh.

Er, 36, noch verheiratet, eine Tochter, ein Haus, 240.000 € Schulden, Einkommen 1.800 €, davon monatliche Belastung, Tilgung der Hypothek von 1.200 €, bei Scheidung muss er sie auszahlen, er muss das Haus verkaufen oder ... er geht zu Mami und Papi und lässt sich helfen, hat auch schon eine Neue in der Reise, die ist 39, Kindergärtnerin, keine Kinder. Was sagt das dir? Blattschuß.

Mmmmmh.

Beides Totalausfälle. Das wars zu deiner Frage.

NICHT GESEHEN

Sie wechselt von der linken Kassenschlange vor mir an die rechte Kasse. Ich hatte den Corona – Elefanten – Abstand eingehalten. Sie lädt ihre Sachen vom rechten Arm auf das Kassenband. Zusammengesteckte glatte blondgefärbte Haare mit dunkel – fettig – strähnigem Nachwuchs, über ihrem kurvigen gedrungenen Körperbau eine lange schwarze Polyesterstrickjacke, schwarze Leggings, weiße Socken in weißen adidas MeshSneakers.

Ich nähere mich und spreche sie an. Bewußt ruhig und scharf im Ton.

– Sie standen an der anderen Kasse an.

Sie blickt mich mit ihrem ausdruckslosen ungeschminkten speckigen Gesicht an.

– Hab Sie nicht gesehen.

– Ach, so macht man das jetzt!? Ganz was Neues!?

Sie dreht sich um und macht einen Schritt nach vorn.

Ich wechsle an „ihre" Kasse.

Sie wirft den Einkaufstaschenstapel aus dem Kassenbandtisch, steht an der Kasse und sammelt „ihre" Schulsachen ein und verschwindet kurz vor mir aus dem Discounter.

Vordrängeln nach Corona.

OOOIJEEH!

höre ich von dem kahlen Kopf auf den karierten Schultern vor mir, der ausgerechnet auch zu den Brieffächern schlurft.

Oooijeeh!

Die Mitte des Ganges einnehmend muss ich ihm folgen.

In der rechten Hand am hängenden Arm hält er sein Schlüsseltäschchen.

Zack!

Die Schlüssel fallen an der Kette heraus und baumeln mit seinem schlurfenden Schritt.

Oooijeeh!

Er läuft die Reihe der Brieffächer entlang auf die weiße Mauer zu.

Oooijeeh!

Kurz davor bleibt er stehen, bückt sich, steckt einen der beiden Schlüssel in das Brieffachschloss und öffnet es.

Oooijeeh!

Den runden kahlen Kopf streckt er dem Brieffach entgegen und zieht den untersten Brief aus dem Stapel seiner Post.

Oooijeeh!

Gebückt, konzentriert – bedächtig blickt er auf den Brief.

Oooijeeh!

Der Brief wechselt die Hand, er fixiert den Poststapel, seine Rechte greift erneut zum Brieffach und zieht aus dem oberen Teil langsam einen weißen Briefumschlag. Wie den Ersten.

Oooijeeh!

Ich stehe neben ihm und öffne in der Reihe neben seinem Brieffach oben, knapp über meinem Kopf, mein Brieffach. Es ist

leer. Keine Post. Auf den Ballen sehe ich nochmals in das Brief-
fach. Es ist leer. Nicht einen Brief. Nicht mal einen Irrläufer. Ich
schließe die Klappe.

Ooooijeeh!

Er sucht ein neues Teil aus seinem Stapel aus.

Ich laufe ohne Post aus der Post und erinnere mich an die Szene
aus Harry & Sally am Briefkasten. Nur doppelt vice versa.

Elfennacht

Die Nacht so tief
kein einziger Stern
die offene Tür wie
ein drohendes Tier
ein alter Teddy
dort auf dem Bett
starrt traurig und leer
sein einziges Auge
sieht nichts mehr.

Ein Rucksack voll
geliebtem Plunder
ein leeres Herz
kein Raum für Wunder
der Elfenzauber
ertrank im Moor
ein Gesicht zu nah
ein Lächeln aus Blei
die Krone verloren.

Der goldene Ritter
im Rost erstarrt
verstörender
Albtraum
in der Nacht
Papi sagt, ihr Haar sei
hell wie Elfengold.
Wie Elfengold
sie fühlt sich so alt.

Papis kleine Elfe
geht endlich fort
ohne Blick zurück
ohne Abschiedswort
verlässt ihren Teddy
vertraut dem Wind
beendet den Albtraum
ein Leben beginnt.

Villa Arcangela

Leben
so zerbrechlich,
dreißig Jahre ein Flügelschlag.

Wind in schlafenden Räumen
wilder Wein kitzelt behutsam sterbende Mauern.

Das Echo eines Kinderlachens
gefangen im Spiel der Sonne.

Auf der Terrasse ein gekippter Stuhl
den niemand mehr aufhebt

und die Erinnerung
an den Duft von Rosmarin.

Kein Name am Tor
stört den fragilen Traum.

Das Herz hütet die Namen.
Leben

Schöpfung

Zug um Zug
läuft die Zeit
im Zwischenraum
der Unendlichkeit.

Zug um Zug
am Ende vorbei
der Fall in die Nacht.
Und wieder nicht frei.

Zug um Zug
aus Nyxx ersteht
das goldene Ei
im ewigen Kreis.

Zug um Zug,
Schritt für Schritt
Drei, Eins und Zwei.

Zug um Zug
Vergisst sich die Welt
vergeben, vergangen.
Der Vorhang fällt.

prendre le deuil

auf der vorderzunge entgleitet
beim versuch es auszusprechen
mir das französische wort
für trauer [dœj]
halboffen gedunkelt gerundet
am ende ein reibelaut engelaut
schließt die zunge zum gaumen

bei tageskürze

bei tageskürze ist ihr als wohne sie im schnee
als höre sie wildgänse über der stadt ihr heiseres
rauschen als ginge sie auf gefrorenem atem viele
ellen lang als läge auf ihrem haar die wölbung
des himmels ein silberner rand

über dem lachenden mund hält der buddha
die arme hoch spielbälle in den händen
stoßen meinen träumen zu den betörenden
zukünftigen algorithmen schaffen fließende
landschaften ich öffne die tür gehe zur tankstelle
kaufe ein eis auf die hand goldgelbes lachen im
park löse ich rote lippen aus der krone vögel
lassen sich nieder ich lache jeder gefahr

Barfuß auf Asche

Sie beißt in den Himmel. Er schmeckt nach Schwefel. Seine Asche verklebt ihren Mund wie türkischer Honig, nur bitter. Die Straße fließt und reißt ihre nackten Füße mit. Stiche von Scherben, Knirschen von Knochen, diese Finger, so weiß – bloß schnell weiter. Die Luft heult und brüllt. Fegefeuer Berlin. „Komm Mädchen fass an. Was stehst du da rum?" Eine Hand, ein Eimer Wasser schwappt über. Sie geht wie auf Schienen, trägt den Eimer zum Haufen rauchender Balken. „Schnell Mädchen. Gib her! Und hol einen neuen. Da hinten. Nun lauf schon!" Sie geht wie auf Schienen. Der Himmel aus Asche, der Boden ein Meer aus gestrandeten Häusern. Die Menschen ertrunken im Feuer. Immer wieder muss sie hinsehen, sie ansehen. Die toten Augen greifen nach ihrem Blick. Saugen ihn auf. Dann wird alles schwarz.

„Mama? Mama? Was sitzt du denn hier im Dunkeln?" Leise, mit abgewandtem Mund: „Also ich hab das Gefühl das wird immer schlimmer. Mit ihr." Überlaut: „Mama? Hast du nicht gehört, dass wir angerufen haben?" Beleidigt: „Wir versuchen seit gestern, dich zu erreichen, MAMA."
„Ach ja? Ich hab nichts gehört. Vielleicht hat das Telefon geklingelt, als ich im Bad war. Außerdem: woher soll ich wissen, wer anruft?"
„Also hast du es doch gehört?"
„Vielleicht?"
Warum bist du nicht rangegangen, Mama! Keine Frage! „Wir machen uns doch SORGEN!"
„Ich bin kein kleines Kind. Ich bin eine alte Frau. Ich kann auf mich selbst aufpassen. Im Bombenhagel hab ich Wasser ge-

schleppt. Barfuß. Ich bin über Leichen geklettert. Ich brauche keine Aufpasser!"

Endlich sind sie weg. Ich kann sie nicht ertragen. Mama tu hier, Mama doch nicht so! Mama was MACHST du da schon wieder? Alles in vorwurfsvollen Großbuchstaben, in diesem pausen- und atemlosen Staccato der zur Mutter wider Willen gewordenen Tochter. Verkehrte Welt!

Was denken die eigentlich, wie ich die letzten fünfundachtzig Jahre gelebt habe? Mich hat nie jemand in Watte gepackt. Allein in einer zerbombten Stadt, die ganze Welt ein Trümmerhaufen und ich mitten drin. Und ich hab überlebt. Ohne dass mir jemand ständig hinterhergelaufen ist. Ohne dass sich jemand um mich gekümmert hat. Und jetzt soll ich plötzlich am Gängelband gehen, nur, weil ich älter bin? Die Menschen werden heute eben immer älter. Sagen sie jeden Tag im Fernsehen. Na und? Wenn man sie nicht töten will, muss man sie so nehmen, wie sie werden.

Ist es schon acht? Wo hab ich nur meine Brille? Da muss doch die Fernsehzeitung... Wie geht das Ding an? Ah. Na also. Was ist denn das schon wieder? Wo ist das erste Programm? Natürlich. Das hat India verstellt, um mir dann in die Schuhe zu schieben, dass ich nicht mal mehr den Fernseher bedienen kann!
Diese blöden Kopfschmerzen. Du musst mehr trinken, Mamaaaaa, würde India jetzt sagen. Dabei habe ich noch

nie viel getrunken. Und bin trotzdem so alt geworden. Hab ich Hunger? Eigentlich schon. Oh – keine Spaghetti im Kühlschrank. Ach, dann ess' ich eine Banane. Mit einem Glas Wein. Mama, du sollst nicht so viel Wein trinken, würde India jetzt sagen. Gott sei Dank lebe ich alleine hier in meiner Wohnung!

Gott sei Dank lebe ich ALLEIN! Alleinallein. Alleallein. Wenn India mich jetzt hören würde, würde sie den Mund verziehen zu ihrem falschfreundlichen Alligatorlächeln. Alligator, so werd' ich sie nennen, ab heute. Wenn ich mich morgen noch daran erinnere.

Wenn sie jetzt hier wäre, würde sie zwischen den Zähnen schräg nach hinten zu diesem Unmann zischeln, den sie sich herangezogen hat wie einen Schoßhund. „Siehst du. Ulrich. Ich sage es dir doch. Sie ist verrückt!"

Es rauscht. Die Nacht ist ein Rauschen, sie bauscht sich um sie herum, hüllt sie ein. In einer Blase aus Schall schwebt sie die kreischenden Straßen entlang. Federt die Stöße ab, die Tritte, die reißenden Hände. Blitze gleiten an ihr hinunter, schwarzer Regen an ihr vorbei. „Di quì Signorina" ruft eine Stimme, „hier entlang, schnell, es geht gleich los". Sie klettert auf die Lore, gezogen von starkbraunen Armen. „Su prendi, los, nimm und verkleide dich!" Eine gesichtslose Stimme reicht ihr das grellbunte Kopftuch. Sie knotet es fest in ihr Haar, dieses neue zufällige Leben. Drei Tage vier Nächte, und die Zwangsarbeiter sind wieder daheim, irgendwo in Italien. Sie, die verkleidete Fremde, mitten unter ihnen. Alle verabschieden sich lachend und zum Leben erschöpft. Da steht sie allein auf der Piazza in einer unbekannten Heimat. Geflohen

gelandet gestrandet. „Ehi Signorina!", ruft die Zukunft verheißungs-
voll, und sie geht ihr schnell hinterher, durch die alten Arkaden.

„India, du schon wieder? Möchtest du einen caffé? Ich hab grade
frischen gemacht. Heiße Milch? Setz dich doch."

Ah, dieser Blick. Du kommst nicht als Gast, sondern als Aufpas-
ser! Wie war das gestern? Alligator! Kannst gleich wieder gehen!

„Mama! Deine Nachbarin hat angerufen. Erst kamen Rauch-
schwaden aus deiner Wohnung, dann lief das Wasser den Bal-
kon hinunter. Mama? Mamaaaaaaa? Um Gottes Willen! Was
MACHST du da? Ach, ich bitte dich! Natürlich hab ich auch
schon mal die Milch anbrennen lassen. Aber dieser Topf ist
durchgeschmort. Und wie viele Eimer voll Wasser hast du aus-
gegossen, über dem Herd? Wie bitte? Du wolltest bei der Gele-
genheit gleich den Fußboden waschen? Ach..."

Der nasse Lappen klatscht auf den Boden. Tränen verwackeln
den Ton. „Oh, Mama!!!
Nein. DU hörst mir jetzt zu. Das ist NICHT normal, Mama. Das
passiert NICHT jeden Tag und NICHT jedem. Mama! Bitte. Sei
doch vernünftig. So geht das nicht weiter. Ich will dir doch nur
helfen. Nein. Du bist nicht verrückt. Nein, ich will dich nicht ein-
weisen lassen. So einfach geht das auch gar nicht." Leise, zu sich:
„Leider."

Mama bleib da. Mama wo rennst du hin? Mama es ist
kalt draußen! Ich WILL sie nicht mehr hören. Diese Be-

vormundung! Ich bin im Aschenregen durch das qualmende Berlin gelaufen. Barfuß. Und dann in einem offenen Viehwagon über die Alpen gefahren, mit Wildlederpumps an den Füßen und einem Strickjäckchen über dem Seidenkleid. Kälte? Die Kälte, die mich hier verbrennt, kommt aus Indias Augen. So leblos. So lieblos. Mein Kind? Wahrscheinlich wurde sie im Krankenhaus vertauscht, gleich nach der Geburt. Wir haben uns eigentlich nie verstanden.

Diese kommunistischen Ideen von Umverteilung und Gütergemeinschaft! Wegnehmen will sie mir alles, was ich habe. Meine Wohnung, mein Geld. Und mein Leben! Aber das kriegt sie nicht. MICH kriegt sie nicht. Ich bin zu schnell für sie, auch noch mit fünfundachtzig. Sie findet mich nicht.

Aber jetzt ist mir kalt. Ob ich schon zurück kann? Wo genau muss ich hin? Hier war ich noch nie!

Freundlich bestimmend zu einer Graublonden mit Einkaufskorb: „Entschuldigung? Können Sie mir den Heimweg zeigen? Sie kennen mich doch? Ach, tut mir leid. Ich habe Sie verwechselt. Neineinein, alles ok. Nein, ich sage Ihnen doch…. ich… suche nur meinen… (lass dir was einfallen!)… meinen Hund!"
Beruhigend zu dem kopfroten Jogger: „Ja, meinen Hund. Wie er aussieht? Na, wie ein Hund, eben. Dort drüben? Danke! Ja, er ist mir weggelaufen. Nein, er darf

keine Jogger anbellen. Da IST er ja! Na komm, du Schöner! Komm her zu mir."

Beschwörend geflüstert zu dem großen stillen Hund: „Komm, wir müssen jetzt beide so tun, als seien wir alte Bekannte. Das SIND wir doch auch! Jetzt erkenne ich dich! Wir sitzen im selben Boot. Du bist Argo, mein schwarzer Freund. "

Buonasera, signorina, buonasera..... Jukeboxkitsch, transozeanischer. Flattert in den Südensonnenuntergang, wispert in ihr Sommerohr. Bella vita in maßgeschneiderten Kleidern, und die Männerwelt rollt ihr die Teppiche aus zwischen Bari und Napoli. Das Blondhaar, die Goldhaut – „ma che angelo, was für ein Engel!" Sie flirtet und bleibt ganz bei sich. Hebt sich auf. Hebt den Blick: „Buonasera!" Diamantenes Meer, vergossener Himmel, Mittagslichtstaub streift das kühle Parkett. Als Verlobungsgeschenk keine Kette, kein Ring – ein schwarzes Fellbündel legt er ihr ins lustweiche Bett. Sie lieben sie schlafen sie schlagen. Dann, irgendwann, ist es Winter geworden, aus dem Schrank gähnt nur das Holz, dunkelleer. Daneben zwei Koffer, abfahrtbereit. Weiße Laken auf Sesseln und Betten, vor den Fenstern die Läden auf Monate verschlossen. Und sie spult ihre Reise zurück, erst den Apennin dann die Alpen und schließlich die graue Stadt. Trümmerentleert, existenzenbefüllt. Sie ertastet die Straßen am Ende des Traums. Einsam vielleicht, aber nicht mehr allein. An der linken Hand India, in der rechten die Leine.

„Mama, jetzt sei doch vernünftig! Du hättest tot sein können. Wenn sie Ulrich nicht in der Kanzlei erreicht hätten, wenn er dich nicht abgeholt hätte, dann wärst du inzwischen wahrscheinlich erfroren! Wo wolltest du überhaupt hin?"

Leise, seitwärts: „Ulrich, jetzt sag doch auch mal was! Mama, bitte. Das ist Wahnsinn! Du kannst doch nicht im Ernst glauben, dieser Hund hier sei Argo! Argo ist seit Jahrzehnten tot! Genau wie mein Vater! Tot. Nicht abgereist. Nicht verschollen. Tot. Überfahren. Alle beide. In Italien. Das weißt du doch, Mama. Mama! Komm, trink eine Tasse Tee. Du hast ganz kalte Hände. Ach, Mama. Ich will dich nicht schlagen, ich will dich nur streicheln.

Ganz leise: Mama, ich liebe Dich!
Ganz laut: Au! Mama, bitte! Jetzt sei doch VERNÜNFTIG. Du kannst den Hund nicht behalten. Wir müssen ihn abgeben. Im Tierheim.

Ulrich! Jetzt hör doch mal auf, du machst ihr nur Angst!

NEIN Mama. Ulrich hat das nicht so gemeint. Wir geben dich nicht im Irrenhaus ab. Das gibt es nicht mehr. Und selbst wenn. Mama, ich liebe dich doch. Ich will dir nur helfen. Und Ulrich auch. Ulrich? Ulrich!"

Hinter dem Türknall her: „Ulrich, du Idiot! Warte! Mensch, fährt der einfach weg. Na egal. Besser isses. So, Mama, jetzt noch mal ganz in Ruhe. Der Hund muss weg. Und du solltest dir vielleicht mal eine Auszeit nehmen. Es gibt doch so schöne Kurorte. In Ungarn, zum Beispiel. Ganz günstig! Mama? Mama!"

Leise. Verzweifelt. Fragend. „Wo BIST du?"

Komm, Argo. Das hat alles keinen Zweck. India ist eigentlich ein liebes Mädchen, weißt du? Aber sie vermisst ihren Vater. Er hätte nicht wegfahren dürfen, Hals über Kopf. Sie war noch so klein. Sie ist ihm so ähnlich. Wir haben uns nie wirklich verstanden. Wie schade! Aber du, Argo, du bist etwas ganz Besonderes. Wir zwei verstehen uns prächtig. Jetzt machen wir es uns richtig schön. Zum Taxifahrer: „Wir wollen in ein feines Hotel mit einem guten Restaurant. Eines mit Seeblick, in dem auch Hunde erlaubt sind. Sie kennen sich ja aus. Wir vertrauen Ihnen." Stimmt's, Argo?

Oben ist unten und unten ist weit. Endlos weit. Sie zieht ihre Kreise aus blauem Samt. Schwimmt ohne Netz, schmeckt das Sonnengeflirr, riecht die Wärme, hört die Wolken reisen. Argo schwimmt neben ihr, weichschnäuzig, schwarz. Unbesorgt unumsorgt atmet sie leicht in die Zukunft. Und hinten ganz hinten am Himbeerhorizont steht ER und zieht sacht an der Linie. Da stülpt sich der Himmel nach innen.

Bevor der Bestatter kommt, könnte man noch einiges klären

Huch, nun bin ich tot. Ging ja doch schnell. Da war nur ein kleiner Stich im Kopf, ein Blitz, und dann. Nun ja. Hirnblutung hat Dr. Sperling gemeint, der eben da war. Er hat den Totenschein ausgefüllt, Heinz stand daneben, an meinem Bett. Kam ja doch alles etwas überraschend.

Ich sehe ganz friedlich aus, wie ich so daliege. Das meinte auch Dr. Sperling. Sehen Sie, Herr Honnefelder, was für einen Frieden sie ausstrahlt. Mein Mann Heinz, Heinz Honnefelder, ist auch schon 84 Jahre alt.
Dr. Sperling hat den Bestatter angerufen, er kommt in zwei Stunden.
Was soll ich sagen? Mir geht es sehr gut. Doch Heinz tut mir leid. Er muss nun alleine klarkommen. Aber das packt er schon, der Heinz. Er hat immer alles gepackt, so auf seine Art. 83 Jahre habe ich immerhin geschafft und 61 davon waren wir verheiratet. Kann man ja stolz drauf sein.
Heinz? Nicht weinen. Ich pass' schon weiter auf dich auf. Ja, ist gerade alles sehr traurig. Ach, Heinz, mein lieber Heinz.

Da kommen schon die Kinder, zwei Töchter habe ich großgezogen und einen Sohn. Der Sohn wohnt in Hamburg, der wird bestimmt erst morgen kommen, wenn überhaupt. Wahrscheinlich kommt er ohnehin erst zur Beerdigung, der Lutz. Er hat schon immer seinen eigenen Kopf gehabt, er ist früh von zu Hause weg. Naja, das war vielleicht besser so.

Da stehen sie im Türrahmen, die Marlies und die Brigitte, Heinz ist mit ihnen die Treppe hinaufgekommen. Sie sind beide schon Ende fünfzig und mit allem durch: Ehe, Kinder, Scheidung. Nun kommt schon rein, ich tu euch ja nichts, ihr wart doch sonst nie so genant. Ach, die Marlies, die ist ja ganz verheult. Nimm dir mal ein Taschentuch und putz dir die Nase, Kind, die Brigitte hat bestimmt eins in der Tasche, die hat doch immer alles dabei. Ihr müsst nicht traurig sein, mir geht es gut, ich fühle mich wohl.

Ja, wie ihr die Beerdigung organisieren sollt, fragt ihr euch? Das weiß ich nicht, das müsst ihr mal alleine überlegen. Mir ist aber alles recht, bloß keine Umstände. Macht man ruhig, was ihr wollt, habt ihr doch ohnehin immer gemacht. Und du Brigitte, guck mal, dass auch alle eingeladen werden, da ist so ein kleines Büchlein in der rechten Schublade vom Wohnzimmerschrank, der Heinz weiß Bescheid, nicht Heinz? In das Büchlein hab ich alle Namen geschrieben und die Adressen von denen, die ihr einladen könnt, für alle Fälle. Na, die Brigitte wird schon wissen, was jetzt zu tun ist.

Ach, da hat es schon wieder geklingelt, so schnell kann der Lutz doch nicht hier sein. Jetzt geht die Marlies die Treppe herunter um aufzumachen, da bin ich aber gespannt. Da kommt sie wieder hoch und die andere Stimme, die kenne ich doch. Na, da steht er ja, tatsächlich, das kann doch nicht sein, ist das denn die Möglichkeit? Der Herbert, der kleine Bruder vom Heinz. Ja, Mensch Herbert, siehst immer noch fesch aus.

Also, um Gotteswillen, nicht dass da irgendwas war. Nee, das nicht. Aber ein bisschen liebhaben, das darf man ja, so aus der Entfernung. Der Herbert war immer sehr nett zu mir und er war nie verheiratet. Er hat mir einmal einen ganzen Strauß rote Rosen geschenkt, einfach vor die Tür gelegt. Das war vor der Hochzeit mit dem Heinz. Später hat er mir manchmal eine Karte geschrieben, wenn er unterwegs war mit seinem Lastwagen, quer durch Europa, Frankreich, Italien, Portugal. Der hätte mich am liebsten mitgenommen, glaube ich.

Und der Heinz war später lange Zeit auf Montage. Damals waren die Kinder schon groß, die Marlies war gerade ausgezogen, die Brigitte kurz vor dem Abitur. Da kam der Herbert mit seinem Lastwagen vorbei. Er hat die Tür aufgemacht und gewunken. Luise, steig ein, wir fahren um die Welt, hat er gerufen. Was war ich froh, dass die Brigitte das nicht gehört hat. Und was sollten die Nachbarn denken? Aber ich habe zurückgewunken. Warte mal, habe ich gerufen, ich hab' was für Dich. Ich hatte einen Kuchen gebacken, das habe ich öfter gemacht, einen Kuchen für den Herbert, wenn der auf Tour ging. Der Heinz hat manchmal komisch geguckt, dann habe ich ihm abends Schweinerippchen gekocht, dann war's wieder gut. Aus Kuchen hat er sich eh nie was gemacht. Ach, dass der Herbert auch hier ist. Alle beieinander, meine Lieben. Geht doch heute Abend zusammen essen, wenn der Bestatter da war, ich meine, es ist doch ein schöner Sommerabend.

Ob der Heinz je was geahnt hat? Aber für Gefühle kann man ja nichts, und den Heinz habe ich immer geliebt, der war mein Mann. Es muss ja auch alles seine Ordnung haben. Herbert? Du kümmerst dich ein bisschen um den Heinz, nicht? Das wäre mir ganz recht. Und die Marlies und die Brigitte sind ja auch da.

Da klingelt es schon wieder, ja wer kann das noch sein? Etwa der Herr Schüller, unser Nachbar? Er hat womöglich die vielen Autos vor dem Haus gesehen und auch das vom Dr. Sperling. Ach, der Herr Schüller, also das ist einer. Mein lieber Scholli, wie der mir einmal. Aber das führt nun zu weit, da komme ich noch in Teufels Küche.
Ach nein, da war schon der Bestatter an der Tür. Dann mache ich mich vom Acker, ich sehe euch noch auf der Beerdigung.

Lebt wohl, alle miteinander.

unbelehrbar

auf steinen sitzen wir
zwischen ruinen
und zerstörten träumen
fragst du mich, kind
was ich getan habe
dagegen
antworte ich: nicht genug
zur rechten zeit
nur worte in den wind gestreut
zerrissen wurden sie
verwirbelt
auf steinen sitzen wir
zwischen ruinen
und zerstörten träumen
doch in den staub
male ich immer wieder
neue worte

was ich spüre

die hügelige landschaft
häuser und wege
verblichen und unscharf
kaum mehr als schatten
wie auch der ewig
frische wind am vormittag
schon nur noch ahnung
meine worte längst gefärbt
vom klang der neuen sprache
und mein pulsschlag erbebt
im rhythmus dieser lauten stadt
was ich jedoch noch spüre
schmerzlich wohl auf immer
ist der sanfte druck
deiner warmen hand
beim abschied

reise nach marrakesch

in schmalen gassen
flockt der wind schon
gegen elf sind flaneusen
bald fliehende schatten
bezwingt lilakschwerer
duft die steinerne pforte
unter weißem laken
verlange ich den abend

Theater im Lyzeum

Mitteldeutschland, März 1905

Alvine zog ihr Schwert. Ein paar Hiebe und Schwünge, eine abenteuerliche Drehung, das Publikum holte Luft. Untermalt von Christels wildem Klavierspiel lieferte die Klassenbeste und reichste Tochter des Jahrgangs ein wahrhaft dramatisches Gefecht auf der Bühne. Franziska spielte den Piraten, gegen den Alvine focht, aber ihre Künste waren alles andere als ausgereift. Bei den Proben hatte sie sich stets geweigert, ordentlich zu üben und sich obendrein wegen Nonsens beklagt. »... Und dann das mit den Himbeeren, wenn nun etwas auf Emmis Kleid fällt?«
Alvine schrie und holte zum finalen Schlag aus. Ihr Schrei war das Zeichen für Franziska, mit einem Sprung rückwärts hinter den Vorhang zu verschwinden. An ihrer statt wurde eine Strohpuppe herausgerollt, die den gleichen grauen Mantel trug.
»Mögest du deinem Schöpfer begegnen und in der Hölle für deine Gräueltaten büßen!«, brüllte Alvine, ehe sie zum tödlichen Stich ausholte. Sie traf perfekt ins Schwarze. Der kleine Sack, in dem sie zuvor die Himbeersoße angebracht hatten, platzte unter der Spitze ihres Holzschwertes. Es spritze in alle Richtungen, sogar bis in die erste Reihe. Und tatsächlich landete etwas auf Emmis hellem Kleid.
»Mein Retter!«, schmachtete diese, als Alvine sich zu ihr umwandte und galant verbeugte.
»Meine Holde«, sie sah sie wieder an, »erlaubt mir, Eure Fesseln zu lösen.«
Sie trat hinter sie und öffnete den Strick, den der Pirat zweimal

um den Pfahl und die Prinzessin gewunden hatte.

»Ihr seid befreit, Eure Hoheit, nun lasst mich euch nach Hause bringen.«

»Nein«, rief Emmi, »ich habe eine viel bessere Idee! Lasst uns das Schiff nehmen und weitersegeln, wo wir doch schon so weit gekommen sind. Ferne Länder, neue Inseln, die Welt wartet auf uns!«

Alvine ergriff zur Antwort Emmis weiße Hand mit ihren hellbraunen Fingern, ging auf die Freite und küsste ihren Handrücken. Damit schloss sich der Vorhang. Verhalten klatschten die Zuschauenden, bis er sich wieder öffnete, und Alvine, Franziska und alle schauspielenden Mädchen sich an den Händen haltend auf der Bühne aufgestellt hatten.

Da sprang Alvines Mutter auf und rief: »Brava, Brava!«, ihr Gatte lachte und tat es ihr gleich. Es steckte ihre Nächsten an und in Sekunden brandete der Applaus auf. Auch die vorderste Reihe erhob sich nun, die Himbeerflecken ignorierend, und klatschte. Die Mädchen verbeugten sich ein paar Mal, lachten und strahlten. Ein letzter Schwenk zu Christel, die neben dem Klavier stand und ebenfalls Jubel erhielt. Dann zog Isolde den Vorhang wieder zu.

Und nur einen Moment später trat Fräulein König auf die Bühne: »Alvine Hoheloh, wie konntest du nur?«

Der Applaus übertönte sie, doch die Mädchen hatten sie schon erwartet und stellten sich schützend vor Alvine auf.

»Geht nur«, sagte diese schelmisch lächelnd und an Fräulein König gerichtet, »das war allein mein Einfall.«

»Das ist mir klar, junge Dame! Verführst die Braven zu Streichen und bringst mich in Schwierigkeiten. Was wird der Direktor sagen?«

Da sie gerade von ihm sprachen – auch er kam just hinzu und verkündete knapp: »Alvine Hoheloh und Wilhelmina Wändler, in mein Büro. Unverzüglich.«

»Emmi hat damit nichts zu tun!«, entgegnete Alvine entschieden. Diese trat von hinten zu ihr und drückte ihre Finger.

»Erzähl keine Märchen. Ihr zwei heckt doch immer alles gemeinsam aus. Nun kommt!«

Sie hielten sich immer noch an den Händen, als sie ihm und Fräulein König in den Flur hinter der Bühne folgten. Ihre Deutschlehrerin redete auf ihn ein. Sie habe von dem Kampf gewusst, ja, hatte sie doch das Stück gelesen und auch die Proben überwacht. Aber von der Strohpuppe und dem falschen Blut und vor allem von den Plänen, dass der Ritter und die Prinzessin die Welt bereisen wollten, nein, das hätten sie heimlich vorbereitet und eingeübt. In ihrer Version hatte der Ritter den Piraten gefangen genommen und die Prinzessin heim zu ihrem Vater gebracht.

»Winnie«, flüsterte Emmi, »die werden meinen Eltern noch heute eine Depesche schicken.«

»Du fährst erst in drei Monaten heim, bis dahin ist das vergessen. Halte ab jetzt einfach deine Füße still«, lachte Alvine leise.

»Was redest du? Ich bin auch bei deinem nächsten Einfall dabei. So viel Spaß werde ich nie wieder haben.«

Sie erreichten gerade das Büro, da erklang eine durchdringende Stimme vom anderen Ende des Flurs: »Gott zum Gruße, Herr Direktor Schloss, meine Verehrung Fräulein König ... dürfte ich erfahren, was Sie mit meiner Tochter vorhaben?«

Alfred Hoheloh nebst Gattin kamen schnellen Schrittes auf sie zu, den Spazierstock in der Hand. Dorothea hatte ihren langen

Glockenrock leicht angehoben, um ebenso flink zu ihnen aufzuschließen.

»Herr und Frau Hoheloh, ich bin Ihnen sofort zu Diensten. Sie müssen entschuldigen, aber wir haben mit den jungen Damen hier eine kleine Unterredung zu führen nach diesem Possenspiel.«

»Oh meinen Sie etwa das ulkige Drama?«, fragte Dorothea und rollte neckisch mit den Augen.

»Und wer redet von Damen?«, verlangte Alfred zu erfahren, und stellte sich neben seine Tochter, »Kinder sind es, kleine Mädchen mit allzu viel Energie.«

Er gab Alvine einen Kuss auf den Haaransatz. Sie reichte ihm gerade bis an die Schulter. Dorothea legte den Arm um sie und auch um Emmi, die unwillentlich noch näher an sie heranrückte, das kleine bisschen mütterlichen Schutz genießend. »Herr Direktor, ich bitte Sie, wir haben uns amüsiert. Und war das nicht ein gescheiter Einfall mit den Himbeeren?«

»Aber ich darf doch sehr bitten, was für ein Ende war das?«, warf der Direktor ein, »die Prinzessin, die in die Welt hinauszieht mit einem Mann, den sie noch nicht einmal geehelicht hat? Was für ein Beispiel geben wir da den jungen Leuten?«

Dorothea behielt ihr Lächeln, als sie näher kam und tändelnd sagte: »Sie müssen verzeihen, doch ich bin sicher, die Mädchen wissen gar nicht, dass sie etwas Falsches getan haben. Nicht einmal fünfzehn Jahre alt, ich bitte Sie. Gerade ein Backfisch, unser Kind. Energie und Einfälle hat sie, ja, und so gute Noten nicht wahr? In allen Fächern. Und trotzdem Zeit, so ein Stück zu schreiben und einzustudieren. Vielleicht sollten Sie sie mehr fordern? Wie wäre es, ich werde die Bibliothek etwas aufstocken.

Ein paar Bücher auf Englisch, Geschichten auf Persisch. Das wird sie brauchen, wenn sie eines Tages für unsere Geschäfte im Orient Seide kauft. Und was halten Sie von Astronomie und Algebra? Oh, Sie würden sich wundern, wie ruhig das Kind ist, wenn es nur ein gutes Buch für sich hat.«

Der Direktor schnaufte, er stellte sich vor, wie er die Mädchen mit den Büchern in ihrem Zimmer einschließen, sie abfragen und benoten würde. Das würde ihnen eine Lehre sein! Frau Hoheloh hatte ihm eine wunderbare Art der Bestrafung eröffnet.

Alvine und Emmi sahen zu Boden, das Herz wild schlagend bei der Aussicht auf neue Bücher und der Möglichkeit, Bildung zu erleben, die sooft nur Jungen vorbehalten war.

REMAKE

Der Krieg kommt ins Haus.
Die Linie des Blutes als Bordüre am linken Bildschirmrand.
Hier fehlen Arme und Beine.
Dort rollen Köpfe.
Eine zufällige Sammlung halber Menschen oder Tiere,
die den Kameras ihren Herzschlag überlassen.
Oder Fingerabdruck.
Oder Blutbild für die Dauer eines Atemzugs.

global

so schoko so faun so
beleesen nees lang nees stups
nees kraus haar glatt haar
schwarz   weiß
aus

glas haus aus eis haus
aus spaß haus aus traum
haus aus pfand haus
aufs dach wellblech flach
wand aus latten
schilfmatten auf sand

so kult so kopfhörer so
schal produkt pro
schädel pro jahr
zwölftausend
kaurischnecken
proportional

designed for life

(aus dem Naturkatalog)

das gefühl der saison
zieht durch die stadt
mit dem rosenschal
pantolette koralle
jeansrock schmal
farbe navy mit schnalle
tanktop

von balkon zu balkon
graue mauern entlang
bank flop wand kahl
schimmel meliert
wohnfels stein nuss
asphalt lädiert
staub sand

drunten am fluss
in der farbe des himmels
kothaufen outdóór
dicht an dicht
blazer torfmoor
fahles gesicht
gespült an den strand

Schock*

als sie kam
eines Morgens
in die Klasse
kam
das Haupt
die ganze Gestalt
als sie
antwortete
auf unsere Fragen
nicht einging
so
anders so
ungewohnt so
verhüllt

* Erster Preis Mannheimer Heinrich-Vetter-Preis für Literatur 2009, Sparte Lyrik

Einübung

... und eines Tages
wenn alle Klänge des Lebens unmerklich
sich leiser um Worte legen
und ihr Ringen und Deuten
jugendliche Gewichte verlieren

verblassen die großen Entwürfe
und du erwartest den letzten Akt
dessen Drama zu allen Zeiten
Heiliges und Profanes inszeniert

Niemand weiß
Manche hoffen
Viele glauben
Alle gehen

Doch wenn du gehst – und ich bleibe
vereint in der Stumme des vorletzten Atems
erinnert an den letzten Hauch unserer Liebe
wenn die Zeit immer langsamer wird
bis kein Wort mehr weht

dieses letzte Nicht-Wissen des Danach
diese Schnittstelle zur Ewigkeit
wenn unsere Zeit stillsteht
und Erinnerung gerinnt ...

Nackt

wie denn sonst
wirst du gehen
nach allen Wehen
zwischen Weite und Wand

Wenn die Asche aus den Lüften rieselt
In allen Uhren tickender Sand

Was danach bleibt
stiften nicht nur Liebende
auch Tyrannen und Lügende

All die großen und kleinen Schlächter
diese Bosheiten-Pächter

Sie kommen belanglos und bleiben mit Geschrei
kehren immer wieder mähen nieder
bellende Schäferhunde
hetzen zur Weltenwunde
und trachten entzwei

Du kannst sie sehen –

diese Meuchelwehen
von HackMauerSpechten
die so aufrecht gehen:

geschminkt und aalglatt
wie sie schleimen und verführen
demokratisch aufrühren
alte Hassquallen küren
zwischen Schweigemilch und Totengift

Hört entblößten Trug schallen
aus Präsidentenhallen
rings um die Welt
Größenwahn bellt

Ernst ist die Lage in diesen Tagen

Wortgang

Ausgediente Worte.
Ein X für ein U gehalten.
Glaubwürdige Horte.
Es pixelt in allen Tücken.
Lächelnd walten bissige Zahnlücken.
Kein Satz verdient mehr sein Gewicht.
Jedes Wort: ein Gnom ein Wicht.

Bindewörter schmieren.
Geschlagene Buchstaben protestieren.
Artikel Lügen.
Subjekte trügen
Punkte sind verschollen
und Prädikate geschwollen.
Worte ruhen sich aus im Schweigen.
Sie drehen den Kopf im stillen Reigen.
und landen doch immer wieder
in denselben Mündern
die Wahrheiten plündern.
Die Künder von Lügen
die sich in Sicherheit wiegen
und leichtfertig siegen.

Der Mensch   –   ein Trugbild
              –   ein Augenverblick
              –   ein Erfindungstick.

Wenn unsere Nerven zittern
sollten wir den Durchblick wecken
und die Gier der Gierigen wittern
dass die Lügen der Lügner erschrecken
und fliehen in ferne Weiten
hinter gekrümmte Zeiten.

bis erneut ein wahrhaftiges Wort
aus der Schöpfung purzelt
und sich im Fleisch verwurzelt.

Erinnern

Ich erinnere mich

dass ich als Kind Rollschuh gelaufen bin
dass meine Mutter eine Weißweinkur machte,
um wieder mal abzunehmen
dass sie mich oft schlug
dass ich nachts am offenen Fenster stand und nach ihr rief
dass die Schule eine grausamer Ort war
an meinen ersten Job
dass ich viele Dinge weggeschmissen habe
dass ich mir Geld geliehen und niemals zurückgezahlt habe
dass ich noch nie operiert wurde
dass ich oft eine Blinddarmreizung hatte
dass ich Eis mochte
an mein Coming out
an meinen Vater, er, betrunken und in Unterhosen
an meine wütende Mutter
an meine jüngere Schwester,
die in der Schule viel besser war als ich
an keine Freunde
dass ich viel allein machen musste
an meine erste Wohnung
an meine Stadt
an die Bäume und Menschen in meiner Straße
an den letzten Frühling
an meine Katze, als sie starb

an den Geschmack von frischem Brot
an das erste kalte Glas Bier
an die Gespräche mit dir
an die letzte Zeitung, die ich las
an die erste Zigarette, die ich rauchte
an mein rotes Fahrrad
an diesen Unfall
an deine guten Worte
an mein Schönschreibheft
an die erste Fünf
an den Winter, damals `77
an meine Großmutter
an den Tod
an den Geruch
allein zu sein
an dich
an die zehn Gebote
an die alte Nachbarin aus Düsseldorf
an das Meer im letzten Jahr
an das Land, das wir bereisten
an Begegnungen, die längst vergangen sind
an das Deutsch, das wir gesprochen haben
an meinen großen Zeh, der wund war
an die Nächte, die wir durchgemacht haben
an die Vögel am Morgen
an meinen Hund, der überfahren wurde
dass wir immer viel Geld hatten
an eine sorglose Zeit, damals
an den Jungen von nebenan

an meinen ersten Handstand
an die erste Nacht unter der Brücke
an die Fremdheit, die mich umgab
an das Gefühl von Freiheit und ich dachte, so müsste sie sein
an ein grundloses Glück
dass ich immer eine andere sein wollte
an die Sätze in deinen Briefen
an den Kuchen, den es Sonntag gab
an die Cordlatzhose im alten Jahr
an das Versteckspiel auf dem Schulhof
an die Deutschlehrerin,
die ganz mager war und schlechte Zähne hatte
an meine ersten Jeans und Turnschuhe
dass ich nie schlafen wollte
dass ich meine Mutter geliebt habe
dass ich nie wusste wer ich bin
dass meine Nase früher kleiner war
an Honecker und das Politbüro
an die dunklen Straßen
an die Angst, nicht mehr aufzuwachen
dass man Atombomben selber bauen konnte
an meine Geheimnisse
dass es vor langer Zeit ein Du gegeben hat
dass ich Angst vorm Fliegen hatte
an eine Reise, die nie enden sollte
an die Hafenbar beim Bier
an den zweiten Kuss, den ich vergab
an die Nacht, die ich allein verbrachte
an die Schuhe, die ich haben wollte

an das geklaute rote T-Shirt
an den weiten Mantel im Winter, da war Platz für zwei
dass du nie etwas gesagt hast
an die Musik, die wir gehört haben
was wir gegessen haben
an ein Land, dass es nicht mehr gibt
an den Frieden, den es einmal gab
an die Spuren, die ich hinterlassen habe
an deinen Humor
dass ich oft prahlte
dass ich oft abgeschrieben habe in der Schule
dass ich nichts mehr wissen wollte
dass die Dächer niedrig waren
dass im Winter Rauch aufstieg
dass wir zusammengehalten haben
dass ich dir die Haare schnitt
dass ich oft verzweifelt war
dass ich immer etwas anderes wollte
an die Tänze in der Nacht mit mir
an mein erstes Auto und die langen Fahrten
an die Konzerte die ich besuchte
an die Bücher, die ich las
dass ich seit langer Zeit wieder weinte
wie enttäuscht und gekränkt ich war
dass ich oft pleite war und mir nichts zu essen kaufen konnte
dass alte Muster zerstört wurden
dass ich nicht allein verreisen wollte
dass ich nachts oft das Licht brennen ließ
dass ich an grüne Männchen glaubte, nie an Gott

dass ich immer an mich selber glauben musste,
denn es gab niemanden
an die Filme, die ich sah
als ich mich selbst entdeckte
an meinen Widerstand gegen das Establishment
dass ich schlechte Lehrer hatte
an Großmutters Fleischwolf in der Küche
an den Arzt, der mir die Nachricht überbrachte
an die Bilder der Toten im Fernsehen
als ich zum letzten Mal Fernsehen sah
als die Liebe vorbei war
an die Witze, die du erzählt hast
an das erste schwarze Mädchen auf unserem Schulhof
an die sieben Todsünden
an keine Wunder

DAS KIND zwischen den Häusern*

DAS KIND auf dem Deich ist kaum größer als ein Schaf. Es trägt Kittelschürze und braune Stiefel zum Schnüren. An jedem Tag zerreißt ein Band. DAS KIND kann Knoten binden, an jedem Tag einen neuen Knoten oder zwei. Vom Reißen und Binden wird das Band kurz. Da ist kein Band mehr für die Schleife.

Breit fließt hier die Eider, da ist ein Hafen. DAS KIND sieht auf die älteren Kinder runter und wickelt sich in die Strickjacke ein. Sie ist blau und viel zu groß, sie gehört den Schwestern. Wenn die Sonne von einer Wolke überfahren wird, wird die blaue Strickjacke grau. Jetzt ist sie wieder blau.

Am Hafen ist es windig, da fahren die Wolken U-Bahn, also sehr schnell. Echte U-Bahnen gibt es nur in Hamburg. Heute gehen hier die Wolken zu Fuß.

Hinterm Deich spielen nur noch die Schulkinder, sehr kleine Kinder schlafen schon. Die sind weggerufen worden.

Weil DAS KIND nicht weggerufen worden ist, steht es auf dem Deich herum. Wegrufen machen nicht die Eltern, die haben zu tun. Darum rufen die Schul-Geschwister die Jüngeren weg. Meistens machen das die älteren Mädchen. Oder sie rufen nicht und vergessen DAS KIND.

Die Sonne geht unter und nimmt Farben weg, morgen sind sie wieder da. Es ist ein bisschen hell und etwas dunkel, so gemischt. Und für kleine Kinder unheimlich, weil es langsam dunkler wird. Eigentlich ist es überhaupt nicht mehr hell. Jetzt spielen nur noch Schulkinder am Deich. Unten springen sie über Schienen und von Lore zu Lore.

Die älteren schleppen jüngere Schulkinder weg. *Los, alle Kleinen*

in die Loren rein! Los, die Mädchen zuerst!
Sie fangen die Mädchen und kippen sie in die Loren wie Säcke, auch wenn die nicht wollen. Der Himmel wird düster.
DAS KIND packt die Strickjacke mit den Fäusten und beißt auf die Kordel, die die Strickjacke schließt. Es duckt sich weg. Hinter dem Deich blickt es runter zur Meierei. Da geht das Licht an, da ist eine Sonne.
DAS KIND dreht sich zurück. Bis die jüngeren Schulkinder lauter weinen, spielen die älteren mit ihnen Getreidesäcke oder irgendwas anderes. *Selber schuld!*, sagen sie und die Kleinen weinen leiser oder hören auf damit.
Am Ende kriechen sie aus den Loren raus. Aber erst, wenn die großen Jungen ein neues Spiel gefunden – und sie vergessen haben, zum Beispiel *Flucht*. Dann sind Feinde hinter ihnen her. Sie müssen über Holzstapel springen, egal wie hoch sie sind. Feinde holen sich immer die, die nicht schnell genug sind.

Kleine Kinder werden morgens am Marktplatz abgegeben. Da steht eine Kindertante und wartet, bis alle da sind. *Knicks machen vor der Tante, anfassen zum Kreis.* Der ovale Kreis zieht durch Friedrichstadt.
Auf ihren Köpfen tragen die Mädchen Tollen.
Das sind kleine Hügel neben dem Scheitel. Das Haar wird von den älteren Schwestern stramm über den Kamm gedreht und an den Köpfen der jüngeren festgesteckt, bis es ziept. Die Mädchen machen schiefe Gesichter, aber sie weinen nicht.
Der Kreis zieht über den Marktplatz, über die kleine Brücke, ans Holmer Tor und am *Großen Garten* noch vorbei, zum Kindergarten. Unter ihrem Mantel trägt die Tante eine weiße Schürze. *Aber*

brich dir nicht die Beine, singt sie und dabei sieht sie freundlich aus.

Im Frühling steht der Kreis unter dem Storchennest und ruft:
Klapperstorch, bester, bring mir eine Schwester!
Klapperstorch, guter, bring mir einen Bruder!
Der Kreis ruft nach dem Bruder.

Hinter dem *Großen Garten*, wo Ringreiten gefeiert wird und Vogelschießen, liegt der kleine Garten, Kindergarten. Die Tanten heißen Kinder-Gärtnerinnen. Sie singen und schlagen die Arme übereinander. DAS KIND singt gern. Vorn wartet eine Tante, bis alle Kinder die Arme übereinander geschlagen haben, dann legt sie ihren Finger auf den Mund. Alle Kinder legen den Finger auf den Mund, wie die Tante. DAS KIND kneift seinen Mittelfinger auf die Lippen und sieht hoch zur Tante.

Hier ist es schön.

Zuhause steht die Mutter vor einer hoch gestellten Zinkwanne und drückt einen geblümten Kittel gegen das Waschbrett.

Ihr Kopf ist weg. Versteckt in der Wanne ... Ist wieder da. Versteckt. Wieder da. Versteckt.

DAS KIND blickt auf den gewölbten Bauch der Mutter. Der Storch hat es gehört: Unter seinem Nest hat DAS KIND sehr laut nach dem Bruder gerufen.

Auf dem Boden liegt glitzernder Schaum um die Wanne herum und Perlen funkeln auf der Stirn der Mutter. Eine Perle rollt über die Wange in ihren Mund. DAS KIND steht und wartet auf die zweite Perle, wartet auf das Gesicht der Mutter, das auftaucht aus der Wanne. Bunte Seifenblasen sitzen wie Schaum auf den Augen der Mutter und ihre Augen sehen nichts, bis die Blasen zerplatzen. Neben den Füßen der Mutter sammelt DAS KIND Seifenflocken in seine Schürzentasche.

Im Kindergarten steht DAS KIND in einer Ecke. Die Schultern verstecken seinen Kopf in ihrer Mitte. Es steht ohne Hose. Die Zehen der Füße drehen sich nach innen, flüstern tröstende Worte. Die Kindergärtnerin sagt: *Das kann jedem passieren.*
Aus den Ecken des Gruppenraumes kriechen Kinder, lachen und zeigen auf das bloß gestellte Kind:
Die da! Guck doch! Die!
DAS KIND drückt sich an die Kellertür. Die Tante läuft mitten hinein in die Zusammenrottung, klatscht in die Hände und jagt die Kinder weg. Kehrt mit trockener Hose zurück. Die fühlt sich warm an und tröstet den mageren Hintern.

Mittags kommt DAS KINDerrudel am Storchennest vorbei. Die Kinder rufen nach dem Bruder. Sie schauen nach oben zum Nest. DAS KIND schaut nach unten auf seine Zehenspitzen und schiebt Sand zusammen zu einem Haufen. Am Ende ist es ein Storchennest.
Als die Tante ruft: *Alle weitergehen!* springt DAS KIND auf das Nest. Der Sand liegt platt am Boden, als wäre er niemals Nest gewesen. Die Kehlen der Kinder klingen rau vom Rufen. Die Tante singt das Lied von der Vogelhochzeit. DAS KIND singt mit.

Einmal hatte die Mutter ein Kind geboren und ihm einen Namen gegeben: Dietrich. Er ist ihr gestorben. Das war im Krieg. Die Mutter hat ihr liebstes Kind verloren. Ihren besten Säugling. Es sind noch vier Kinder übrig für die Mutter, aber keines kann sie trösten, wenn sie guckt wie Schaum.

Mit seiner toten Macht strahlt Dietrich die Mutter hell.

Bestimmt wäre der tote Bruder später *Gefallener* geworden. *Gefallene* sind unsere besten. Sie sind gut, weil sie gefallen sind.

DAS KIND hört es beim Einkaufen und auf den hohen Kinder-Drehstühlen der Friseurin, Ecke Prinzenstraße, zwei Stufen hoch:

Tote Säuglinge und *Gefallene* sind die besten.

Sie rufen nicht nach dem Storch.

Wenn die Mutter zuhause vor dem Waschbrett steht und guckt wie Schaum, ist DAS KIND im Kindergarten. Die Tanten singen und kriegen Essensspenden für ihre Kinder. Sie haben extra Stühle und kleine Toiletten. Spenden sind Aprikosen aus Dosen, eine für jedes Kind, genau eine verteilt die Tante und zwei Teelöffel Saft. Die Augen der Tanten blicken wie eine gute Waage auf die Teller. Die Teller sind ganz und gar in den Händen der Kinder, jedes Kind hat seinen eigenen.

Abends im Bett holt sich der Gaumen den Geschmack der Aprikose zurück. Die Zähne kauen DAS KIND in den Schlaf.

* *Aus dem Roman: DAS KIND zwischen den Häusern*

Aus der Traum

Alexander öffnete langsam die Augen, um sie sofort wieder zu schließen, da ihn die Morgensonne schmerzhaft blendete. Träge rollte er auf die Seite zu Britta hin und ließ die vergangene Nacht noch einmal Revue passieren.

„Guten Morgen, Liebling", erklang es leise neben seinem Ohr.

„Guten Morgen", flüsterte Alexander gutgelaunt zurück, als ihm plötzlich der Atem stockte.

Die Stimme! Er kannte sie, dessen war er sich sicher, aber es war nicht Brittas. Vorsichtig öffnete er die Augen und blinzelte zur anderen Seite des Betts hinüber.

Nein, das war nicht möglich! Neben ihm lag nicht das bezaubernde Geschöpf namens Britta, mit dem er seit einigen Wochen eine heiße und leidenschaftliche Affäre hatte, neben ihm lag Lore, seine Frau.

Alexander kniff die Augen fest zusammen. Wie konnte das geschehen? Er war sich hundertprozentig sicher, am gestrigen Abend mit seiner Geliebten in diesem Hotelzimmer gelandet zu sein. Wie kam plötzlich seine Frau hierher?

„Träumst du, Liebling?", fragte die Stimme leise – und auch ein bisschen lüstern, wie er zugeben musste.

Aber natürlich! Das war die Lösung: Er träumte. Es war ein Alptraum, aus dem er schleunigst erwachen musste.

„Ja, ich träume", erwiderte er lächelnd, entschlossen, diesen abstrusen Traum zu Ende zu bringen. Vielleicht konnte das noch ganz witzig werden. Britta würde sich königlich darüber amüsieren, später, während des Frühstücks.

„Guuut", gurrte Lore neben ihm. „Du träumst sicher von Britta", sagte sie leise.

Alexander grinste. „Aber nein, Liebste", sagte er schelmisch. „Ich träume von dir."

Das entsprach sogar der Wahrheit. Er fand sich ziemlich beeindruckend.

„Wen würdest du denn gerne neben dir im Bett haben, wenn du aufwachst?" fragte Lore.

Alexander erschrak. Eine Fangfrage. Aber was konnte schon großartig passieren? Es war nur ein Traum.

„Wenn ich ganz ehrlich bin, Britta", sagte er und fand sich unbeschreiblich mutig.

„Gut", sagte Lore neben ihm, und ihre Stimme klang plötzlich kalt und hart. „Dann kannst du heute deine Sachen packen und ausziehen."

Alexander riss die Augen auf und starrte direkt in das hämisch grinsende Gesicht seiner Frau.

Aus der Traum!

Düsseldorf 2012-08-03

Im zweiten Stock schaut man auf die Dächer des gegenüberliegenden Hauses. Vom Sofa aus blicke ich auf den Schreibtischstuhl vor mir, sehe das Fenster mit der Jalousie in zwei Metern Entfernung, das Fenster auf der gegenüberliegenden Straßenseite und das Dach eines Hauses. Dahinter wiegen sich drei Pappeln im Wind. Dann Himmel.

Die Geräusche in der Stadt sind vielfältig, aber noch unterscheidbar. Nach vorne raus sind die Stimmen der Kinder lauter als die Autos, zur Hofseite hin differenzieren sich die Geräusche in eine Stimme von einer Frau, die etwas sagt, das unverständlich ist, in eine Tür, die zuschlägt und ein „Mama?", ein deutliches Wort, das in jeder Sprache ähnlich ist.

Ganz hintergründig der Sound eines Fernsehers, kaum zu unterscheiden von einem Radio, jemand klopft Fleisch oder etwas anderes, von weiter her ertönt Glockengeläut. In der direkten Nachbarschaft gibt es eine Kirche, die vor etwa einer halben Stunde elf Uhr geläutet hat.

In dieser halben Stunde sind zwei Flugzeuge geflogen, die sich anfänglich wie näherkommende Hubschrauber anhörten. Husten, Rufen und wieder eine Frauen-, dann Kinderstimme. Durch den türlosen Raum höre ich vorne auf der Straße ein Motorrad ankommen, vorbeifahren, weiterfahren. Dann wieder Stille, das Klappern von Kochtöpfen oder Tellern, wieder ein Flugzeug, diesmal weiter weg. Das Geschirrklappern ist deutlich, die Kinderstimmen sind deutlich – urbane Klanglandschaft. Weich ist der Sound in einem Hof von Düsseldorf.

Es fühlt sich an wie der Süden. Sporadische Stille zwischen den

Geräuschen. Ich höre den Süden. Wie ist es im Süden zu sein? Ich habe etwas vermisst – wo bin ich? Geographisch gesehen im Westen, kulturell gesehen in einer Mischung aus vielem? Wo beginnt Kultur? Im Hören also, der Taube, die ich jetzt höre, des Mofas, das vorbeifährt, der Kinderstimmen, die sich mit den Frauenstimmen abwechseln. Ein Motorensägegeräusch erinnert mich an mein Zuhause. Aber es ist nur kurz, unwesentlich, gleich wieder vorbei. Auf dem Lande geht die Säge stundenlang. Wie einfach sind die Geräusche bei mir zu Hause; jetzt, wo ich wieder da bin: Müllabfuhr, zweimal in der Woche, drei Hunde, die im Nachbarhaus bellen, Säge- und Mähgeräusche. Gestern mal englischsprachige Fußgänger vor meinem Haus, was für ein Ereignis! Was für eine Abwechslung. Das alles sind Erinnerungen und dabei schaue ich aus dem Fenster auf die kleine Pappel vor meinem Haus.

Drei Liebesgeschichten

1. Gewusst

Früher oder später würde er sie rumkriegen, da war er sich sicher. Wenn er nur erst den Weg in ihr Schlafzimmer gefunden hatte, gehörte sie ihm. Daran konnte auch ihr Ausraster nichts ändern, ihre Beschimpfungen (Du Frosch!), ja, nicht mal, dass sie ihn super aggro an die Wand schmetterte.

Denn hinterher stand sie plötzlich da, mit dieser schuldbewussten Miene, inmitten der Weichheit des Augenblicks. Ich wusste es!, dachte er und zog sie lächelnd zum Bett.

2. Doch noch

Endlich!, sagten die anderen mit zusammengesteckten Köpfen, nachdem sie ihm den Laufpass gegeben hatte.

Dass das doch noch geschehen würde!, sagten sie und fielen sich erleichtert in die Arme.

Sie aber saß allein da mit ihrem Frieden und ihrer Unversehrtheit und dieser grenzenlosen Freiheit zu denken, was sie wollte.

Und sie dachte an ihn und an die köstlichen Momente, die ihren Kämpfen Mal für Mal gefolgt waren.

3. Der Mann

Ich stand an der Ampel, als er sich mit der höflichen Frage an mich wandte, wie ich heiße. Er stank, und ich erkundigte mich, wieso er das wissen wolle, doch er sagte nur: Bitte!, und seiner guten Manieren wegen tat ich ihm den Gefallen und nannte ihm meinen Namen.

Er wiederholte ihn und sagte: Ich liebe Sie!, und ich erwiderte, danke, das habe mir heute noch keiner gesagt.

Im nächsten Moment sprang die Ampel auf Grün, worauf ich ihm winkte und lachend in die Pedale stieg. Erst zu Hause begann ich zu weinen, über den Mann, der gesagt hatte, dass er mich liebe, und von dem ich nichts hatte wissen wollen, nicht mal seinen Namen.

Die Schublade

Aus einer Schublade einen x-beliebigen Gegenstand auswählen, beschreiben und alle möglichen Phantasien mit ihm anstellen. Ich habe den Verdacht, dass die Seminaraufgabe einer Zeit entstammt, als es noch die gute alte Kram-Schublade gab, deren Inhalt die Phantasie zweifellos befeuern konnte. Aber heute? Soll ich über Unterwäsche schreiben oder über Töpfe? Entnervt fummle ich unter der Schreibtischplatte nach dem erstbesten Schubkasten, blicke frustriert auf längst vergessene Fotos, doch da rollt er plötzlich nach vorne: ein kleiner blauer Ball.

Aus festem und doch nachgiebigem Schaumstoff, den ich nun versonnen knete. Fingergymnastik soll ja Schreibkrämpfen und Denkblockaden vorbeugen. Da zieht seine Mittelnaht meinen Blick an, so präzise und scharf quert sie das blaue Rund. Ich lege meine Fingerspitzen direkt daneben und drehe die feine Narbe in meine Richtung und dann von mir weg. Immer wieder. Zu mir her und von mir weg, von mir weg und zu mir her. Gedanken kommen und gehen, kreisen um eine Erinnerung, dann um eine andere, der Ball bringt den Blockadestein ins Rollen.

Ich positioniere die Kugel auf meinen Fingerspitzen und lasse sie bis zur Handfläche laufen. Nur mit äußerster Konzentration gelingt mir der ungewohnte Balanceakt, obwohl der Ball nicht groß ist. Sein Umfang entspricht einer kleinen Orange und ganz plötzlich weht mir ein Duft in die Nase und ein Lachen erklingt. Ein Lachen, das so unbeschwert und freudig durch meine Gehörgänge wirbelt, als sei es verwandt mit allen Bällen der Welt. Am

Ende der Nachkriegsjahre hatte auch in unserem Haushalt eine Frucht, deren runder Leib aus allen Poren duftete, ihren festen Platz im Obstkorb. Das köstliche Orangenaroma kündigte die nahende Weihnacht an und wurde bis in das Frühjahr hinein in Netzen nach Hause getragen. Seine Zeit endete, wenn das Obst strohig wurde. Eines der letzten Netze nahm die Familie mit zu einem Frühlingsausflug. Als wir unser mächtiges Picknick schon fast auf den Gipfel des Inselbergs Ipf geschleppt hatten, riss plötzlich das Netz mit den Orangen unter seiner Last und die Früchte purzelten auf den Berghang, wo sie schnell Tempo aufnahmen. Nach einer Schrecksekunde rannte die ganze Familie wie die wilde Jagd den mühseligen Aufstieg wieder bergab, um die kullernde Fracht einzufangen. Nie haben wir unsere Mutter lauter und glücklicher lachen hören wie damals, als sie den Berg hinabstürmte, immer den rollenden, leuchtenden Kugeln hinterher.

Die Erinnerung an den Duft verflüchtigt sich und der Ball auf meinen Fingern ist nicht orange, nicht einmal einfarbig blau, sondern azur mit einer zarten weißen Marmorierung wie Schleierwolken am Himmel, an manchen Stellen fein gesprenkelt. Ich tauche aus meinen Erinnerungen auf, die Konzentration lässt für einen Moment nach und mein Spielball stürzt ab, angezogen von der anderen blauen Kugel, der großen, die sich fast schon in der gleichen Situation befindet, wenn man ihren heutigen, besorgniserregenden Zustand ernst nimmt. Knapp vor dem Absturz, vor einem bodenlosen Fall, wenn wir Menschen so weitermachen wie bisher und unsere Zerstörungen vorantreiben. Meine blaue Kugel könnte ich natürlich auch zerstören, eine künstlerische Allegorie auf den Erdball machen. Ich könnte sie mit Nägeln durchbohren, ihr mit der Nagelschere kleine Fetzchen aus dem runden, blauen Leib schneiden, solange bis nichts mehr da ist außer einem Haufen kleiner Minitrümmer, die keiner mehr zusammenbringt. Aber ich könnte auch ein ganz scharfes Messer nehmen und sie nur zu meinem Vergnügen massakrieren. An der feinen Mittellinie zum Beispiel, diesem delikaten Äquator – und ich ertappe mich dabei, wie ich ganz versunken eine alte Melodie summe. Niemand dachte sich in meiner Kinderzeit etwas bei dem Text, der damit unterhielt, dass in jeder der zehn Strophen ein Negerlein verschwindet oder stirbt. Von den *Zehn kleinen Negerlein* besitze ich noch eine alte Ausgabe, die ich jetzt hervorhole.

Die schwarzen Kinder sind nackt, nur mit Röckchen aus grünen Blättern bekleidet. Nicht so wie der Mohr im Spital, der zum Anzug eine Fliege und einen Zylinder trug, in dem sich ein Schlitz befand. Wenn Großmutter ihre kranke Freundin besuchte, hatte sie stets ein paar Pfennigmünzen für mich, die ich sorgsam eine nach der anderen einwarf, wofür sich der Mohr jedes Mal mit einem artigen Kopfnicken bedankte. Während ich mir mit der als *Nickneger* bezeichneten Missionsspardose die Zeit vertrieb, sagte mir einmal eine Klosterschwester, dass das Geld für die armen Heidenkinder bestimmt sei und ermahnte mich, immer für diese zu beten. Meine Mutter wusste eine andere Geschichte, als ich sie fragte, ob die zehn kleinen Negerlein Heidenkinder wären und wo sie eigentlich genau wohnten. Sie erzählte von der Südsee, durch die eine unsichtbare Linie verlaufe, die Äquator hieße. Auf ihm würden Inseln mit wunderbaren Namen wie Tahiti und

Fidschi schwimmen, auf denen Kokospalmen wuchsen. Und mit einem Schmunzeln legte sie ein Tütchen dreifarbige Kokoswürfel, eine Süßigkeit, auf die ich ganz versessen war, auf den Tisch.

Wieder blicke ich auf die empfindliche Bauchnaht des blauen Balls. Ich spüre, wie sich ein feines Kribbeln um meinen Nabel herum ausbreitet. Dann stelle ich mir vor, wie das Messer in das stramme, aber doch knautschige Material eindringt, es unbarmherzig zerteilt und ich ertappe mich bei einem verlockenden Gefühl. Will ich diese Zerstörung spüren? Ich bin erschüttert über meinen Destruktionstrieb, der so lustvoll zutage tritt. Wenn ich schneiden würde, hätte ich natürlich nicht nur Zerstörung. Ich würde auch etwas Neues erschaffen. Zwei Hälften eines Ganzen, die beiden Halbkugeln nämlich. Sieht gut aus, fühlt sich aber nicht mehr so gut an. Also in den Händen. Unter den Füßen schon. Die Halbkugeln passen genau unter das Fußgewölbe. Ich könnte darauf balancieren, wippen, vor und zurück. Meine Füße, die mir beim Schreiben wiedermal eingeschlafen sind, weil ich der Versuchung nicht widerstehen konnte, die Beine übereinander zu schlagen und das stundenlang, könnte ich auf diese Art wiederbeleben. Die Halbkugeln könnten aber auch meinen Schreibtisch zieren und mich zu tiefsinnigen Metaphern anregen: Die Himmelskuppel, zweifach vor mir. Das Blau der Kirchendächer von Santorin, der Süden, der mich aus dem Alltagsgrau davonträgt. Aber auch pragmatischer Stressabbau ließe sich mit solcher nun erreichten Standfestigkeit der Kugel betreiben. Bei der nächsten Schreibblockade hau' ich mit der Faust drauf und fluche ordentlich.
Wo man doch nach dem Öffnen einer Schublade hinkommt! Da

rollt so ein kleiner Ball mit einem davon durch die Welt und das Leben. Ich könnte jetzt noch aus den Fotos so eine Art Kartenhaus bauen und den Ball hineinkegeln. Vielleicht schaffe ich alle auf einmal. Doch da rollt er schon mit mir zu meinem Lieblingskinderbuch. *Die blaue Kugel* erzählt von einem kleinen Jungen, der nicht spielte, weil es doch soviel zu tun und nachzudenken gäbe auf der Welt. In der Tat, besonders über blaue Kugeln.

Das Braun bricht aus den Zweigen*

Deutschland, Mai 2019

Nichts gelernt aus der Geschichte!
Hakenkreuze an der Wand
und NS-Parolen nicht mehr
hinter vorgehaltener Hand.

Man wird doch noch sagen dürfen,
heißt es hier und da und dort.
In den Schulen, auf den Straßen
wird gemobbt in einem fort.

Auschwitz, Mai 1979

Ich habe nicht vergessen
die gebrechliche Frau, die uns führte.
Ich habe nicht vergessen
das Brandzeichen auf ihrem Arm.
Ich habe nicht vergessen
die Schuhe,
die Haare,
die Öfen …
Ich habe nicht vergessen,
die gebrechliche Frau, die sich bedankte
für unser Interesse.

Deutschland, Mai 2019

Der Sohn meiner Nachbarin weint.
Sie haben ihn gestern geschlagen,
weil er eine Kippa trug.
Sie haben gelästert, gehöhnt,
dass man wohl vergessen habe,
ins Gas ihn zu jagen, ins Gas!

Das Braun bricht aus den Zweigen.
Ich ließ – auch ich! – es zu.
Dass ich vorzog zu schweigen,
lässt mir jetzt keine Ruh.

* *Zweiter Preis im Goldstaub-Lyrikwettbewerb 2019
der Autorinnenvereinigung e.V.*

Mit Wort und Tat und Phantasie*

Von Menschen möchte ich berichten
in diesen kleinen Versgeschichten,

die Vorbild sind und zwar, weil sie
mit Wort und Tat und Phantasie

sich einsetzen für Mensch und Tier,
für Baum und Blume, jetzt und hier.

1

Da ist zuerst die Frau zu nennen,
die morgens, wenn die andern pennen,

zur Frühschicht unterwegs sich bückt
(manch einer hält sie für verrückt)

nach jedem, wirklich jedem Mist,
selbst dem, der mega-eklig ist.

Dem Ekel mit Humor sie trotzt:
bei Kaugummis, die hingerotzt,

bei Essensresten, Hundehaufen,
diversen Flaschen, ausgelaufen,

um nicht zu sagen: ausgesoffen!
Am meisten mache sie betroffen

das Plastikzeugs am Wegesrand,
als sei nicht hinlänglich bekannt,

dass selbst die Fischlein dies belastet
und dass, wer ernsthaft plastikfastet,

diätisch-ethisch trendy sei.
„Jedoch der Mensch", sagt sie, „ja mei!"

2

Zwei Häuser weiter wohnt ein Mann,
den ich auch nur bewundern kann.

Er lässt sein Auto oft zu Haus,
geht, wenn es geht, per pedes aus,

fährt mit dem Fahrrad: „zum Büro
„und in der Freizeit sowieso".

Und muss das Auto doch mal sein,
lädt er die Nachbarn gleich mit ein.

„Gemeinschaftskutsche" – Zauberwort.
Die Stadt mutiert zum Luftkurort!

Wenn viele diesem „Hobby" frönen,
lässt sich vielleicht, vielleicht versöhnen,

was sich entzweit': Mensch und Natur.
Und das wird Zeit, es tickt die Uhr …

3

Um Frosch und Kröte zu beschützen,
weil diese Tierchen vielen nützen,

trägt Fritz sie sicher über Straßen,
damit sie nicht ihr Leben lassen,

wenn sie, um sich wie's Brauch zu mehren,
froschfahrlässig die Bahnen queren.

4

Doch eines schickt sich nicht für alle.
Konstanze geht's um die Koralle,

sie sorgt sich um die Schöne sehr.
In Briefen, täglich werden's mehr,

schreibt sie empathisch-engagiert
und zuverlässig recherchiert

an Kanzlerin und an Ministers,
an Mütter, Väter, brothers, sisters

vom großen Sterben in den Riffen:
„bis es der letzte Depp begriffen".

5

Und nun zuletzt, zum guten Schluss,
es muss ein guter sein, es muss,

stell ich den Mann vor, der im Rat,
im Rat der Stadt, mit Rat und Tat

sich unermüdlich einsetzt für
bedrohte Pflanzen vor der Tür.

Verlor er auch schon Wählerstimmen,
wollt' man ihn mehrmals schon vertrimmen:

Er redet weiter für die Bäume
und gegen noch mehr Parkplatz(t)räume.

***

Wie sieht es aus? Habt ihr nicht Lust?
Vergesst doch einfach euren Frust,

reiht euch mit ein, macht mit, macht weiter,
bewahrt die Schöpfung und – bleibt heiter!

Humor ist, wenn man trotzdem lacht
und sich dann an die Arbeit macht.

Humor ist, wenn wir's alle raffen,
die unschlagbarste aller Waffen.

***

* *Zweiter Preis beim Wettbewerb 2019 der LZO, Literatur Zeitung Online, Forum für Kultur im fränkischen Raum*

Regenbogen und Schuhe

Dienstag kurz vor Mittag. Ich bin mit dem Fahrrad im Stadtzentrum unterwegs. Die Sonne scheint, es ist der 17. März 2020. Eigentlich ein ganz gewöhnlicher Wochentag, aber nicht wirklich. Es ist der Tag vor dem Shutdown wegen des Corona-Virus. In einigen Restaurants und Geschäfte hängen schon Ankündigungen der Schließung auf unbestimmte Zeit aufgrund einer behördlichen Verordnung. A4-Blätter mit der Aufschrift *Wir bleiben zu Hause* zieren etliche Wohnungsfenster. Daneben finden sich von Hand ausgemalte Ausdrucke eines Regenbogens mit dem Satz *Alles wird gut.*

Während ich Richtung Fußgängerzone radele, sitzen verschiedene kleine Gruppen vor Cafés und schauen in Richtung Sonne. Da die Cafés sehr klein und die Plätze gezählt sind, sitzen viele der Gäste aufgereiht dicht beieinander. Trotz Aufforderung zum Abstand halten und zur Beschränkung von Kontakten, die schon seit Tagen gilt. Ich überlege, ob ich bei Karstadt einkaufe oder ob es wegen der Ansteckung mit Corona schon zu gefährlich sein könnte. Und fühle mich wie im falschen Film. Was ist plötzlich so anders? Entgegen meiner Erwartung laufen nur wenige Menschen durch die Fußgängerzone. Alles scheint viel langsamer als sonst. Wahrscheinlich bilde ich mir das ein. In meinem Kopf macht sich Müdigkeit und Leere breit. Was will ich eigentlich kaufen? Ich versuche, auf Tour zu kommen. Irgendetwas brauche ich bestimmt. Immerhin kann es sein, dass die Geschäfte ab morgen wochenlang geschlossen bleiben. Das macht mich sehr nervös. Ich betrete entgegen aller Bedenken das Erdgeschoss von Karstadt. Auf einem übergroßen Tisch sind Osterwaren aufgetürmt, die 50 Prozent billiger angeboten werden. Ich frage mich, was damit passiert, wenn ab morgen kein Kunde mehr kommen darf. Ich sollte mir etwas kaufen, habe aber weder Lust auf Schokoeier noch auf Ostern, das erst am 12. April sein wird. Ob Ostern mit Corona sich überhaupt wie Ostern anfühlen wird? Ich bleibe bei den Schreibwaren stehen und greife zum Druckerpapier. Das könnte knapp werden. Sonst fällt mir nichts ein.

Meine Füße werden heiß und mir fällt auf, dass demnächst Schuhe für die Frühjahrssaison fällig werden. Die muss ich unbedingt kaufen. Also fahre ich auf der Rolltreppe in die Schuhabteilung. Dort gibt es nur noch wenig Ware. Ich scanne die möglichen Schuhe ab, es ist nichts dabei. Schade. Vielleicht paar Klamotten? Auch hier gähnende Leere. Zwei Verkäuferinnen langweilen sich zwischen den Kleiderständern, ideale Bedingungen zum Einkaufen. Aber ich habe keine Lust und mache mich auf den Rückweg in die untere Etage und nach draußen. Müde betrete ich einen Sportladen und schaue mir die Sneaker, die nahe der Eingangstür aufgebaut sind, an. Schaue über die Seiten der Kartons auf der Suche nach meiner Größe und finde genau drei Paar Schuhe, die in Frage kommen.

Das zweite Paar passt perfekt und gefällt mir ganz gut. Eine Verkäuferin kommt vorbei und ermutigt mich, die Schuhe zu kaufen, falls sie sich spontan gut anfühlen. Ich nicke, ziehe die Schuhe aus, die alten wieder an und gehe mit dem Karton zur Kasse. Dort stehen jetzt zwei weitere Verkäufer und warten. Ich frage aus Verlegenheit, ob sie denn auch schließen müssen morgen. Einer antwortet mit „das habe ich so gelesen, mehr weiß ich auch nicht. So was hatten wir noch nicht." Ich zahle mit Karte. Die Schuhe sind eigentlich zu teuer, so viel hatte ich nicht eingeplant. Aber heute ist mir das egal. Ich laufe nach draußen und gleich in den Laden gegenüber, eine Filiale von Tchibo. Rechts vom Eingang steht ein Korb mit Sonderangeboten. Ich entscheide mich für eine Relaxhose. Vielleicht hilft mir die beim Entspannen, wenn ich ab morgen so viel Zeit wie möglich zu Hause verbringen muss. Auch hier stehen zwei Verkäuferinnen wie gelähmt hinter der Kasse. Nach diesem Einkauf gehe ich zum Fahrrad. Ich sehe mehrere Leute mit Klopapierpaketen aus dem Drogeriemarkt kommen. Aber für Klopapier ist kein Platz mehr auf meinem Fahrrad. Eine Woche später werde ich mir wünschen, ich hätte das mit dem Klopapier doch irgendwie versucht.

You see, there's two kinds of people in this world

Die Schönheitskönigin Sarah Rotblatt fährt an einer Tankstelle vor, rutscht beinahe vom Pedal, steigt ab. Früher Nachmittag, es ist bereits ihre zweite Tankstelle heute, die mit dem schiefen E am Ende. Dort oben, auf dem Tankstellendach. Ein verrutschter Letter, halb aus dem Wort gefallen, ...STELLE. Das schiefe E hängt nur noch an einem Kabel fest. Es leuchtet. Grün, wie die Buchstaben vor ihm.

Sarah Rotblatt guckt hoch und denkt, *wer mag schon gern am Ende stehen, ...und dann kommt nix mehr hinter einem. ...ich muss ja auch am Ende sein, weil wer so schräg denkt wie ich...* Die Schönheitskönigin nickt, richtet ihr Haar, guckt wieder hoch, nickt wieder, das Neon-E ist tapfer und leuchtet weiter freundlich in Grellgrün. Hängt schräg, fällt nicht und leuchtet.

Sie lehnt das Rad an eine Zapfsäule, fixiert es kurz mit strengem Blick wie einen Hund – *you stay!* –, steuert den Eingang an und sieht für einen Moment ihr Spiegelbild im Glas der Schiebetür, die nun zur Seite gleitet, streckt kurz die Zunge raus, trotzig nach oben. Falls da doch so einer wäre, ein guter Gott, der es aus undurchsichtigen Gründen nicht gleich gut meint mit allen. *Unendlich gut, wer sagt schon sowas.* Schiefe Einrichtung der Welt, schwer, sich da aufrecht zu halten. Sarah weiß das nicht. Viel besser, sie spürt das, hautnah, an und unter ihrer Haut, am eigenen Fleisch, das irgendwann einmal ausgezeichnet worden war und ihr so wahrscheinlich das Leben rettete. Das schönste Fleisch, die zarteste Haut, die formvollendetsten Nägel an unübertroffen grazilen Händen und Füßen, *och, du schejn mejdele,* summt sie leise. *Man kann auch in Schieflage formvollendet sein,* denkt sie.

Sie mag diese Tankstelle am liebsten, die ist wie sie, eine freie, kaum mehr besucht, hat schon bessere Tage gesehen, *ja, wir beide, so schön verrutscht am Ende.*

Wie auch dieser Tag hier, vor ihrer Nase der. Unüberwindbar schien der ihr gleich vom ersten Augenaufschlag an. Stand unter keinem guten Stern. Ein Tag mit Schluckauf, so wie sie auch mit einem zu kämpfen hatte, direkt nach dem Aufwachen. Sie sah Sternchen vor den Augen, ausfransend grün geränderte; ein Tag voller Sternchenhagel, wie hatte der angefangen!

Und er war auch schon wieder da, der Mann mit Hut, hat direkt neben ihrem Bett gestanden, so sichtbar, als hätte sie ihn greifen können. Derart früh morgens war er noch nie aufgetaucht, sie hatte geblinzelt, es war ja noch stockdunkel, kniff dann schnell die Augen wieder zu, sie wollte unbedingt und konnte aber verdammt nochmal nicht weiterschlafen. Dann andere Taktik, sie starrte Löcher in die Zimmerdecke, als könnte sie die Decke so zum Verschwinden bringen, und alle Chimären gleich mit. Da war er schon wieder, schwebte nun über ihrem Bett und verströmte dabei eine Kälte, die, gepaart mit seinem stechenden Aftershave, sie unters Kissen verschwinden hieß.

Nicht atmen, dachte sie, *wie nur können Gerüche im Gedächtnis haften bleiben,* dann: *er nimmt gerade seinen Hut ab, vermutlich,* sie zählte auf zehn, *jetzt lässt er meine Fläschchen darin verschwinden, vermutlich,* sie zählte bis achtzehn, dann siegte ihre Neugier.

Blinzelnd lugte sie unter einem Zipfel des Kopfkissens hervor. Da waren keine Fläschchen mehr, nur ein leerer Nachttisch, wie abgeleckt, so leer. Auch ihr Wecker fehlte, der lag auf dem Boden diesmal, den hatte er dort liegengelassen. Dabei könnte sie auf Uhrzeiten am ehesten verzichten, totgeschlagen ist die Zeit sowieso, ihre Zeit, das kann man auf vielfältige Weise tun, darin ist sie erfahren.

Mit Schlafen erledigt sie die Zeit am liebsten, kostet sie nichts, und der ist schön, ihr Schönheitschlaf, *schlof, majn fejgele, majn mejdele, du schejnss,* dort bis hinter ihre Stirn kann niemand ihr folgen, das ist ihr Reich, ein Ort des schönen Stillestehens und Innehaltens, kein Raus-Rein-Raus, kein Vorhang, Klatschen, Johlen, kein Komm-her, Küss-ihn, kein Weglaufen. Auftreten, Abtreten, Applaus, Vorhang, alles Kreisen der Welt nimmt ein Ende, wenn sie sich nur fallenlassen kann. Fallenlassen, als der Mann zum ersten Mal seinen Hut absetzte, von oben sie so ansah, und fallenlassen mit Hilfe der kleinen Freunde von der Tankstelle, und fallenlassen, das täte sie manchmal gern ausprobieren auf ihren täglichen Spritztouren, wenn sie so dahinradelt und neben ihr eine grasweiche, schräg ansteigende Böschung sie zum Anlehnen einlädt, sie traut sich das nur nicht. Wie sähe das aus, als Schönheitskönigin gegen eine Böschung gekippt am helllichten Tag, so sähe das aus.

„Rein oder raus, die Dame, die Schiebetür dreht sonst durch," ruft es aus dem Ladeninnern, und wirklich, die Glastür gleitet vor und zurück, vor und zurück, die Automatik kennt kein Verharren in einem Dazwischen. Sarah amüsiert das, sich zuzusehen beim Auftauchen, Verschwinden, Wiederauftauchen, ohne selbst einen Fuß zu bewegen. *Wunderbare Einrichtung der Welt,* denkt sie, *wenn ich mich nur gar nicht mehr bewegen müsste, kein Stück weit mehr.* Dann, theatralisch angewandelt: *Ich aber ein Kronkorken in wogenden Wassern,* denkt sie, *kein Geist Gottes schwebt über mir, nur Tohuwabohu, wohin mein Auge fällt, rein, raus, Tür auf, Tür zu, die Erde wüst und leer, was will ich hier, sinnlose Einrichtung der Welt.*

Jetzt geht sie hinein in den *Shop*, in die *Service-Station, einmal voll bitte*, der Satz hat ihr schon oft auf den Lippen gelegen, sie ruft quer durch den Laden: „Hab den Handwerker wieder da, so ein guter Mann!, ich krieg doch den Hahn nicht mehr zu, der tropft und tropft schon wieder, alles nur noch schäbiges Plastik. Kaputte Dichtungen, überall, kennen Sie doch auch, Herr Tankwart?" Der Tankwart lacht, weil er doch ein Serviceangestellter ist, „Kassierer" sagt man auch nicht mehr, und sowieso ist er ein Rapper in seinem echten Leben, darum trägt er als Erkennungszeichen für seine Kollegen aus der Szene diesen Hut, so einen kleinen Fischer-Hut, das ist schwer angesagt in seinen Kreisen.

Sarah Rotblatt kneift die Augen zusammen, zwei Sehschlitze, die den Mann mit Hut ins Visier nehmen, und ihr kippt ein zu großer Schluck Luft den Hals hinunter, bleibt fast stecken auf Magenhöhe, es war doch nur Luft? Da treibt sie wieder, trudelt, es könnte auch der Boden sein, der schwimmt, sie bemüht sich weiterhin um eine aufrechte Haltung, den Kopf schön oben lassen, Schritt, Atemzug, Besenstrich, Schritt, Atemzug, Besenstrich, alte Straßenkehrerweisheit, aber grenzt durchaus an göttliche Vernunft.

Jetzt guckt der Tankwart aber komisch. Es ist doch der Tankwart? Irgendein Mann mit Hut. „Das Gleiche wie immer für den Herrn Handwerker?", der Tankwart grinst und klimpert mit den Fläschchen, je drei in jeder Hand, er hat kunstvoll ihre kleinen Hälse zwischen seine Finger geklemmt.

Ihr Blick von dem leisen Geräusch gelenkt, starrt Sarah Rotblatt nun auf die Bewegung seiner Hände, fühlt sich mit einem Mal ertappt und weiß ganz genau, wie sie es anstellen müsste, erhobenen Hauptes aus dieser Nummer herauszukommen. Auf diesen Auftritt hatte sie schon lange gewartet: Sie sieht sich in aller Seelenruhe einen Revolver aus ihrem Handtäschchen ziehen und ihn auf den verdutzten Tankwart richten, hört sich mit fester Stimme sagen, „weißt du, es gibt zweierlei Arten von Menschen auf dieser Welt, mein Freund. Die mit den geladenen Knarren, und die, die im Dreck graben. Du gräbst.", dann entsichert sie ihn, drückt ab, und der Hut rutscht höchstens ein wenig nach links, sauber durchschossen. So wäre das am feinsten von ihr, und sie ließe den Revolver in den Mülleimer mit dem Schaukeldeckel neben ihr fallen, nähme dem Mann mit Hut die Fläschchen behutsam aus der Hand, ließe sie in ihr Handtäschchen gleiten und ginge einmal, ausnahmsweise, ohne zu zahlen aus dem Laden wieder hinaus.

Und die Schönheitskönigin zielt auf den Tankwart mit Zeige- und Mittelfinger der rechten Hand, den Daumen dabei steil nach oben, sagt ihren Text, „you dig!", macht einmal „klick" und „peng!", bläst über den imaginären Revolverlauf hinweg und lässt die Knarre dann in den Mülleimer mit Schaukeldeckel neben ihr fallen. Dann tritt sie vor die Kasse, beugt sich hinüber, schubst dem Tankwart den Hut vom Kopf, der rührt sich nicht, auch keine Miene, nimmt ihm sachte die Fläschchen aus der Hand, lässt sie in ihr Handtäschchen gleiten und geht einmal, ausnahmsweise, ohne zu zahlen. Und nicht, ohne die Schiebetüre noch ein paar Mal hin- und hergleiten zu lassen, einfach nur so.

Flieder*

Die Erinnerung findet immer in der Gegenwart statt, schreibt Siri Hustvedt. Jetzt, Anfang April, blüht in den Vorgärten der Flieder, im Garten meiner Mutter blüht der knorrige alte Fliederbusch tief dunkel violett, noch nicht umgeschlagen in das blasse Lavendel, das erst Mitte April kommt, an meinem Geburtstag. „Mal sehen, ob *dein* Flieder dann schon blüht", höre ich meine Mutter sagen, als wäre es heute. *Mein* Flieder. *Hoffentlich nicht, bitte nicht an meinem Geburtstag.*

Ich vertrage den schweren Duft nicht mehr, will mir von dem alten knorrigen Busch keinen Strauß mehr abschneiden: auf meinen Schreibtisch macht er mich taumelig und ich würde kein vernünftiges Wort mehr zu Papier bringen. In der Küche auf dem Marmortisch tränen meinem Mann die Augen und er muss niesen.

Aber früher? Da machte mich der Flieder stolz, denn ich war es, die den Strauß überbringen durfte, ich war auserwählt,– was für eine Auszeichnung, an demselben Tag Geburtstag zu haben wie *mein* Lehrer.

Wieder höre ich die Mutter sagen, als wäre es heute: „Gehe hinüber und bring dem Herrn G. einen Fliederstrauß, er hat doch heute mit dir Geburtstag." *Mit mir!* Ich umklammere die harten Stile im feuchten Papier mit beiden Händen, halte den Strauß steil aufgerichtet vor mir, stecke meine Nase in die Blüten, atme den Duft ein, renne einfach los, aus unserem Garten hinaus über

die Straße, ohne nach rechts und links zu schauen, schräg gegen-
über zu dem weißen Haus hinter dem weißen Lattenzaun. Die
Sonne scheint, oder doch nicht? Ich trage doch bestimmt Knie-
strümpfe und nicht mehr die kratzige Strumpfhose? Ich erinnere
mich nicht, sehe nur den großen Fliederstrauß, hinter dem ich
mich verstecke und schnüffele diesen taumelig machenden Duft.
Wenige Minuten später bin ich wieder zuhause. Ein kurzer Be-
such, so kurz nur? Oder viel zu lang? Lang genug, um alles zu
verändern. Um mich zu verändern, um meinen Stolz und meine
Freude in etwas umschlagen zu lassen, für das ich keine Worte
habe.

„Hat er sich gefreut?", fragt meine Mutter, „Was hat er denn ge-
sagt?" *Hat er sich gefreut*? Woher soll ich wissen, ob er sich gefreut
hat? Woher soll ich wissen, wie sich ein alter Mann freut? „Sei
nicht so verstockt!", wird sie gesagt haben.

Erinnern geschieht in der Gegenwart, sagt Siri Hustvedt in ihrem
Buch „Damals". Heute weiß ich, dass ich damals nicht aus Ver-
stocktheit geschwiegen habe. Vergessen geht schnell. Aber es
war etwas geschehen.
An diesem Tag im April 1959 gab es plötzlich ein vorher und ein
nachher. *Eine* vorher, die voller Stolz auf die andere Seite gelau-
fen war mit dem Geburtstagsstrauß in der Hand, und *Eine* nach-
her mit leeren Händen, am Mittagstisch mit Übelkeit kämpfte
und gegen ein wildes Pochen in der Schläfe, das von da an immer
wieder kam. Meine Mutter wird mir besorgt über die Stirn ge-
strichen haben: „Du wirst mir doch nicht krank?" Aber war ich
das nicht schon?

Wie gesagt, so genau erinnere ich mich nicht, doch ich weiß, dass ich im nächsten Jahr nicht mehr zu dem Lehrer G. ging, um ihm einen Fliederstrauß zu bringen und nun wirklich störrisch „nein", sagte. „Warum nicht?" wird meine Mutter gefragt haben, und „stell dich nicht so an". Warum? Aber ich wusste es ja selbst nicht, wusste es lange nicht.

Bis dann viel später ein Bild in meinen Träumen auftauchte. Ein weiß gestrichener Lattenzaun, zwischen den Latten gerade so viel frei, dass sich eine Kinderhand dazwischen schieben konnte. Meine Kinderhand, in den Schlitz geschoben.

Nach dem Aufwachen gab das Traumbild andere Bilder frei, die von ganz unten aufstiegen, schmerzhafte Erinnerungen, die in mein Bewusstsein drangen und mich nach und nach von meiner kindlichen Sprachlosigkeit befreiten. „Warum?"

Das Mädchen, das Gesicht im üppigen Fliederstrauß vergraben, ich sehe es, wie es vor der Haustür des Lehrers steht, der Elan ist verflogen, vielleicht sollte sie den Strauß einfach vor die Tür legen, aber dann drückt sie schüchtern auf den Klingelknopf und wartet. Die Tür geht auf und er steht vor ihr, ein schmächtiger Mann, Halbglatze, Hausjacke, sanfte Stimme.

„Für mich? Aber du musst mir helfen", höre ich ihn sagen. Er ist überrascht und sie soll ihm helfen. Warum? Wobei soll sie ihm helfen? Wenn der Lehrer um Hilfe bittet, dann muss sie folgen, fraglos folgen, so hat sie es gelernt „Wir müssen eine Vase suchen."

Ich sehe, wie er das Mädchen hineinzieht, obwohl sie sich ein bisschen sträubt, aber nicht viel, er ist doch ihr Lehrer, so alt wie ihr Vater, oder nicht? und sie soll ihm helfen, dem alten Mann. An seinem und ihrem Geburtstag. Weiß er eigentlich, dass sie heute Geburtstag hat? Zieht sie nur mit sich durch den dunklen Flur auf die Veranda. Im Regal an der Wand stehen Vasen, aber er greift nicht nach der Vase, er greift nach ihrer Hand, öffnet seinen Hosenschlitz und drückt die Hand hinein. Sie fühlt etwas Warmes, weiches, ihre Finger werden steif, alles an ihr wird steif, und der Film reißt ab.

Was bleibt ist dieses Gefühl der Übelkeit, *ist ja nicht schlimm, dagegen gibt es Togal,* auch jetzt noch, wenn ich mir die Erinnerung an den Frühlingstag im Jahre 1959 zurückrufe.

Und wieder blüht der Flieder, im Vorgarten meiner Mutter ist er in die Jahre gekommen, sein Duft hat sich verflüchtigt, vielleicht ist es auch mein Geruchssinn. Der Lehrer ist schon lange tot, liegt auf dem Friedhof, Seite an Seite mit meinem Vater. Ich habe geschwiegen wie ein Grab, niemand hat je von seinen Schandtaten erfahren.

Mir geht es wie Siri Hustvedt, die ihren ‚Beinah-Vergewaltiger‘ am liebsten aus ihrer Erinnerung verbannt hätte. Auch ich würde den Schatten des Kinderschänders gerne loswerden, doch der Flieder hindert mich daran. Immerhin habe ich die Genugtuung, dass ich meinen allzu sanften Lehrer nicht mehr wiedersehen muss. Damals hat ihn das kleine Mädchen schnell aus den Augen verloren. Schon im nächsten Schuljahr, in der zweiten Klasse, machte der Kinderschänder beruflich einen Sprung nach oben, er wurde als Dozent an die Pädagogische Hochschule versetzt.

Der Fliederbaum blüht noch immer, mit den Jahren ist er gewachsen wie ich, hat sich in die Höhe gestreckt, so hoch wie ich, dass niemand außer mir an seine Blüten reicht. Und während ich diese Geschichte schreibe, steht wieder ein kleiner Strauß Flieder auf meinem Schreibtisch und taumelig wird mir jetzt nicht mehr.

Text stammt aus: Meine schöne Kindheit 14.4.2019

Bühne des Lebens

Hineingeworfen
in diese Welt –
 Rampenlicht

Geöffnet
Das Tor zur Phantasie
zwischen
 Leben und Traum
 Theater und Wirklichkeit

In dieser Rolle
Mut haben, sich zu nehmen
was man braucht
zu lachen und
zu reisen, soweit es geht

Eine Partitur aus
Tränen und Lachen
Sicht verändernd
neue Wege zeichnend
Anfang und Ende

Das Licht der Bühne des Lebens
erlischt,
wenn der letzte Vorhang fällt.

Ein BühnenMoment

Mit einem mechanischen Surren hebt sich der Vorhang. Das Publikum begrüßt mich mit einem langen Applaus. Ich gehe auf die Bühne zu meinem Lesesessel. Leise, fast unhörbar, ächzen die Bretter unter mir. Was sie wohl schon alles erlebt haben, kommt es mir in den Sinn!? In ihnen liegen die Geschichten der vielen Proben und Aufführungen dieses kleinen Theaters. Ich bade in dem Scheinwerferlicht, lasse mich von dessen Zauber beeindrucken, schaue auf das Publikum und atme ruhig. Ich genieße diesen Moment, bevor ich die ersten Worte spreche. Worte, die meine Zuhörer mit auf eine Reise nehmen sollen. Worte, die Bilder malen.

Letzte Herbsttage am See   *für Hanna*

Sie schwimmt zum Ufer zurück, steigt aus dem Wasser, rubbelt sich trocken, lässt sich auf die Matte fallen, ihr Körper wieder plump und schwer. Sie deckt sich mit dem Tuch zu, döst ein wenig, erwacht, blinzelt. Schaut zwischen halbgeöffneten Lidern auf den See hinaus. Sie kann sie jetzt ganz deutlich sehen, die kleinen Leute in ihren Booten. Männer und Frauen rudern da draußen vorbei, winzige Kinder zu ihren Füssen. Hell klingt ihr Lachen und Plaudern zu ihr hinüber, vermischt sich mit dem plätschernden Geräusch der Wellen.

Sie ist schon mehrmals weit in den See hinausgekrault, hat sich auf den Rücken gelegt, sich treiben lassen, in der Hoffnung, dass sich ihr die Miniaturboote dort draußen nähern, wenn sie da so bewegungslos im Wasser liegt, den Kopf ins Wasser gedrückt, kaum atmend. Doch dann zeigen sie sich nicht. Sie kommen nur, wenn sie wollen, die kleinen Leute. Nie rudern sie vorbei, wenn sie selber im Wasser ist.

Doch jetzt, vom Ufer aus, kann sie wieder das Paar mit dem Kleinkind sehen, geradezu überdeutlich. Das winzige Boot, in dem die drei gerade an einem Schwan vorbeischaukeln, ist außen hellblau gestrichen, mit einem grünen Rand unter dem Bord. Innen ist es gelb lackiert. Bedrohlich groß nimmt sich der Wasservogel daneben aus, doch der bärtige Mann scheint völlig unbekümmert. Breitbeinig sitzt er da und rudert. Wie immer trägt er ein rotes Umschlagtuch über dem blauen Hemd. Die dunkelhaarige Frau ist in eine violette Bluse und einen grünen Jupe gekleidet, auf ihrem Schoss sitzt das Kind in einer bunt gestreiften Latzhose. Sie kann die kleinen Leute lachen hören, der Wind trägt Gesprächsfetzen zu ihr hinüber, doch sie kann nichts verstehen. Wer weiß, welche Sprache die drei miteinander reden.

Die Narbe an ihrem linken Oberkörper beginnt zu jucken unter dem Schaumstoff, mit dem sie die leere Schale des Badeanzugs ausgepolstert hat. Während sie sich aufsetzt, die Träger von den Schultern streift, den nassen Stoff nach unten rollt und sich ihr hellgrünes Kleid über den Kopf zieht, versucht sie, die drei im Boot nicht aus den Augen zu verlieren. Sie blinzelt, doch die kleinen Leute sind verschwunden.

Auf einmal fröstelt sie. Sie steht auf, holt ihre Strickjacke aus dem Korb, legt dafür das feuchte Badetuch hinein, rollt die Matte zusammen, schlüpft in die Sandalen und macht sich auf den Weg nach Hause. Die frühmorgendlichen Nebel über dem See haben sich aufgelöst, doch es ist noch immer kühl. Sie ist einige der wenigen, die um diese Jahreszeit noch zum Baden kommen, doch sie will jeden Tag auskosten. Die letzten Herbsttage.

Immer ist sie geschwommen. Immer war der See ihre Rettung, ihre Freiheit, ihr Entkommen. Nach dem ersten Examen, als das Resultat gut und die Erleichterung groß war, ist sie weit hinausgeschwommen, hat sich auf den Rücken gelegt, sich treiben lassen und den Wolken im Himmel zugeschaut. Und dann beim zweiten Mal, als der Bericht so viel schlechter war, ist sie ins Wasser gesprungen, hat gekrault bis zur Erschöpfung. Und in der Nacht darauf tief geschlafen, von einem Walfisch geträumt, der sie verschluckte und zu neuen Ufern trug, wo er sie unbeschadet ausspie.

Heute ist sie endlich wieder einmal ohne die lästige Gummibadekappe im Wasser gewesen. Der zunächst noch spärliche Flaum auf ihrem Kopf ist inzwischen soweit nachgewachsen, dass man ihn schon beinahe als Kurzhaarfrisur ansehen kann.

Wie sie das Jucken der Gummikappe den ganzen Sommer lang gehasst hat, und das der Perücke. Die Frau in der Stilberatung, zu der eine wohlmeinende Freundin sie geschickt hatte, riet zu einem bunten Turban mit assortiertem Lippenstift. Rosa Turban, rosa Lippenstift, rosa Schleife an der Bluse. Nein, danke. Dann doch lieber die Perücke. Und im See die Badekappe auf dem Kopf, wenigstens im Sommer, als noch so viele Leute hier zum Schwimmen kamen. Niemand sollte sie mitleidig anschauen.

Jetzt ist der Herbst da mit seinen stillen, kühlen Morgenstunden. Und mit dem Herbst ist das kleine Volk gekommen, die heiteren Fischer und Fischerinnen mit ihren winzigen, pausbackigen Kindern in den bunt lackierten Booten.

Ihre Großmutter hatte ihr manchmal von den kleinen Leuten erzählt. Doch wohnten die nicht eher im Wald, versteckten sich zwischen bemoosten Steinen, in Baumhöhlen oder in Felsritzen? Von manchen hieß es auch, dass sie in alten Häusern lebten, auf dem Dachboden oder in der Speisekammer neben der Küche, wenn sie sich richtig erinnert. Von kleinen Leuten auf dem See war nie die Rede. Doch ihr erscheinen sie.

Die Großmutter hat gesagt, wenn man sie sähe, so solle man ihnen eine Schüssel Milch, etwas Brot oder Käse hinstellen. Man solle ihnen aber nicht zuschauen, wenn sie davon äßen und tränken. Und man solle niemand erzählen, dass man sie gesehen habe. Nicht alle Menschen seien dem kleinen Volk wohlgesonnen.

Sie wird gewiss nicht darüber reden, schon gar nicht mit ihren Ärzten und Therapeuten. Die würden meinen, es handle sich um ein Symptom, oder um Nebenwirkungen ihrer Behandlung. Sie würden nach Ursachen suchen, sie mit Untersuchungen plagen. Sie würden ihr Mittel geben, sie würden die fröhlichen kleinen Leute zum Verschwinden bringen. Das will sie nicht.

Milch und Brot brauchen sie wohl nicht. Sie sehen wohlgenährt aus, diese Fischer und Fischerinnen. Doch frieren könnten sie, da draußen auf dem Wasser, jetzt wo der Winter kommt. Sie sollte ihnen etwas Warmes zum Anziehen stricken, Socken, Mützchen und Westen. Bunte Wollresten sollte sie zuhause noch haben. Früher hat sie so viel und gerne gestrickt. Wenn nur ihre Finger nicht so geschwollen und taub wären, dass sie kaum noch etwas zustande bringt. Doch für die paar kleinen Sachen muss es einfach noch reichen.

Leuchtend bunt müssen sie sein. Sie wird die wollenen Kleidchen am Ufer zurücklassen. Nur nicht sich umdrehen und zuschauen, wenn die kleinen Leute sie holen kommen. Das mögen sie nicht.

Sobald sie zuhause ist, wird sie die Wollreste hervorholen und sich ans Stricken machen. Auch wenn ihr das nicht mehr so leicht von der Hand geht wie früher, muss sie noch vor Anbruch des Winters fertig werden. Mit dem Schwimmen wird es dann ein Ende haben, doch das kleine Volk wird sich noch lange freuen an ihren Socken, Mützen und Westen. Warm angezogen werden sie über den See fahren, leuchtende Farbtupfer im Nebel, helles Lachen im Wind. Sie lächelt.

Der Schreibtisch

Es war schon immer unvorstellbar für mich, dass jemand keinen eigenen Schreibtisch besitzt. Bei mir fing es mit einem kleinen Schränkchen meiner Großmutter an, das auf der linken Seite offen war und rechts eine Klappe hatte, hinter der sich alle möglichen Schätze verbergen ließen. Auf einer Fußbank hockte ich mich vor das Schränkchen, zwängte meine Knie in die offene Seite, und begann zu schreiben. Sorgfältig, in Schulanfängerschrift, schrieb ich in den Ferien seitenweise Schulbücher ab.

Später bekam ich von einer Cousine einen Tisch, den sie nicht mehr brauchte. Er besaß in der Mitte eine Klappe, an deren Unterseite sich ein Spiegel verbarg. Wenn man ihn hochklappte, war der Tisch hervorragend als Schminktisch geeignet. Meine Cousine schminkte sich nie und für einen Schreibtisch hatte sie keine Verwendung. Also bekam ich den Tisch. Er stand auf schmalen, langen, schräg gestellten Beinen und hatte etwas von einer störrischen Ziege. Die Beine standen über die Tischplatte hinaus, so dass der Tisch unangemessen viel Platz beanspruchte. Mit 19 Jahren kaufte ich den Schreibtisch meines Lebens. Obwohl mir das zu diesem Zeitpunkt nicht bewusst war. Die vordere Linie der Tischplatte lief nach links und rechts in schwungvollen Bögen aus, unter denen sich massive Schrankteile mit geschnitzten Verzierungen und genügend Stauraum befanden. Eine riesig scheinende Fläche für Stapel von Papier, Ordner und später sogar Computerbildschirm und Tastatur. Es war das erste Möbelstück, das ich mir von meinem eigenen Geld kaufte. Ich ahnte nicht, wie viele Umzüge dieser schon damals betagte Tisch noch verkraften sollte. Wie oft ich den Studenten, die mir beim

Umzug halfen, oder den Möbelträgern von der Umzugsfirma ans Herz legen würde, ihn besonders sorgsam zu behandeln. Ich fürchtete, dass er auseinander brechen könnte, wenn er wieder einmal durch schmale Zimmertüren manövriert und Treppen hinauf und hinunter gewuchtet werden musste.

Ich erinnere mich an eine Zeit, als der Schreibtisch in einem Erker gestanden hatte, von wo aus ich einen wunderbaren Blick auf alte, haushohe Kastanien- und kleinere Ahornbäume hatte. Mir fielen die Gedichte ein, die ich damals schrieb, und in denen sehr oft Bäume vorkamen.

Eine Zeit lang hatte der Schreibtisch als Wickelkommode gedient. Die Bücher im Regal darüber waren Babycreme, Stapeln von Windeln und buntem Plastikspielzeug gewichen.

In einer anderen Wohnung stand mein Schreibtisch an einem Fenster, von dem aus ich eine gute Sicht in die Wohnungen des Hauses gegenüber hatte. Ich dachte mir Geschichten über diese Menschen aus, ohne auch nur das Mindeste von ihnen zu wissen. Einmal passte er nicht durch eine Zimmertür. Das Zimmer, das ich innerhalb der Wohnung für mich auserkoren hatte, hatte eine schmalere Tür als alle anderen. Ich entschied, den Schreibtisch leihweise meiner Tochter ins Zimmer zu stellen und mich vorübergehend anders einzurichten.

Als wir einige Jahre später wieder umzogen, maß ich in allen Wohnungen, die ich besichtigte, die Zimmertüren, um sicher zu gehen, dass mein Schreibtisch hindurch passen würde. Dann fand er endlich wieder einen Platz in meinem Zimmer. Das war der Punkt, an dem ich ihn als den Schreibtisch meines Lebens erkannte. Endlich saß ich wieder vor ihm, betrachtete die tiefen Kratzer, die die Umzüge hinterlassen hatten. Fuhr mit der Hand die geschwungene Linie der Tischplatte entlang. Ich ließ meine Finger über die Erhebungen der Schnitzereien gleiten und zog wieder und wieder die Formen der Blüten nach. Ich nahm ihn in Besitz wie nie zuvor. Und: ich begann wieder zu schreiben. Erst in diesem Moment fiel mir auf, dass ich das lange nicht mehr getan hatte.

Hinter dem Schreibtisch steht heute ein Bücherregal und rechts kann ich aus dem Fenster sehen. Wenn ich im Schreiben innehalte, wandert mein Blick über die Buchrücken vor mir, bleibt an Titeln hängen, verleitet mich zum Lesen. Ich beuge mich über die Tischplatte, um ein Buch aus dem Regal zu angeln, es aufzuschlagen, ein paar Seiten oder auch nur ein paar Zeilen zu lesen, es zurückzustellen, meinen Blick nach Draußen schweifen zu lassen über Industriebrachen hinweg bis zum Horizont, und weiter zu schreiben.

SIE	ER

Wie ich des nachts · Wie ich des nachts
auf Messers Schneide · auf Messers Schneide
wandle mich über · blute mich unter
glühende Kohlen hangle · glühenden Kohlen winde
dein schneller Atem · dein schneller Atem
durchflügelt den Raum - · durchflügelt den Raum -
WER BIST DU · DU BIST DU
WER BIN ICH · WER BIN ICH
in all den Nächten · in all den Nächten
ach Liebster · ach Liebste
nimm mich · nimm mich
mir nicht · von mir

Das Schreien der Möwen
vergess ich im Winter
im fernen flachen Land -
Gibt es am Mittelmeer Möwen
mein Freund?
Dort war ich noch nie
Der Sommer ruft mich
Der Sommer ist meine Heimat
Die Möwen kreischen begeistert
Obwohl sie mich nicht kennen

Zwei Tage

war die Kohlmeise unser Gast
der Federn am linken Flügel beraubt
konnte sie auch vor uns nicht fliehen

ein eiligst herbei geschaffter Käfig
schien ihr das Leben nicht wert zu sein
wenn sie nicht fliegen kann

nun ist sie tot und wir gingen
sie im Hausmüll begraben
der Käfig ist leer

und die Stille im Zimmer
bricht über uns herein
als wär sie ein Jahrhundert

bei uns gewesen

Rückkehr

Er schaut aus wie Vater, schoss es mir durch den Kopf. Werner lehnte am Stützpfeiler in der Mitte des Zimmers und starrte aus dem Fenster.

Gestochen scharf hob sich sein hageres Profil gegen das eindringende Sonnenlicht ab. Die Hakennase, die hohen Wangenknochen. Mir schauderte.

Am Bord neben der Tür stand Grit. Staub tanzte in den Sonnenstrahlen.

»Wo wohl die Krüge sind?«, sagte sie.

Mein Blick wanderte zu dem leeren Bord und ich sah in Gedanken Mutters Steingut. Grau mit blauen Blumen, geschwungene Schriftzüge. *Zwiebeln. Knoblauch. Kartoffeln.* Jeder Topf säuberlich beschriftet.

Werner drehte sich um. Eisgraue Augen. Auch Vaters.

»Und wo ist der Schrank?«, frage er.

»So lange kann der nicht weg sein«, sagte Grit und deutete auf ein Viereck von Blumentapete, das sich in gestochener Schärfe von dem verblichenen Rest abhob.

Der Schrank. Dunkles Holz, mit Mustern bemalt. Grün, Rot und ein bisschen Blau. Anno 1763. Wie im Museum. Mutter hatte dort fein säuberlich die Teller hineingestapelt. Wieder grau mit blauen Blumen. Die meisten waren angeschlagen, manche sogar geklebt.

Solange sie nicht entzwei sind, brauchen wir keine neuen, hatte Vater gesagt. Mutter hatte seine Worte mit einer verächtlichen Grimasse quittiert.

»Mir fehlt Toni«, sagte ich. Grit strich ihren Rock glatt, immer wieder. Werner starrte auf den Boden.

»Und die anderen?«, fuhr Grit auf.

Mein Blick wanderte zum Fenster, hinaus in den Garten, fand den Zaun im wuchernden Gras. Weiter hinten die Kirche umgeben von Gräbern. Dicht hinter dem Zaun, kaum sichtbar, drei gusseiserne Kreuze. Annemarie, Sebastian, Karolina. Drei von uns sieben Kindern. Ich schloss die Augen und die erstickende Trauer erfasste mich für einen Moment. Ich sah die kleinen Särge wieder vor mir. Mutter gebeugt, Vater mit wirrem Blick und unstetem Schritt dahinter. Der Pfarrer, wohlgewählte Worte, Dein Wille geschehe, die Kinder kehren heim. Erdklumpen fielen mit einem dumpfen Ton auf das Holz. Es war ein Unglück gewesen. Ein Feuer im Haus, sie hatten sich nicht retten können.

»Sie sind nur Schatten«, sagte ich.

»Schatten?« Grit schrie fast. »Das waren unsere Geschwister.«

Ich weiß das. Natürlich weiß ich das. Grit und Annemarie. Ein Herz und eine Seele.

»Kommt Toni?«, fragte Werner und richtete seinen Blick auf mich. Ich zuckte mit den Schultern.

»Du hast keinen Kontakt?«

Meine Fingernägel krallten sich in die Handballen. Grit und Annemarie. Toni und ich. Nie habe ich versucht, ihn zu suchen. Genauso wenig wie alle anderen. Ich schluckte heftig, um den Kloß in meinem Hals loszuwerden, während meine Gedanken weit in die Vergangenheit wanderten.

Als ich meinen Bruder damals in der Scheune gefunden hatte, zusammengerollt im Heu, war er kaum in der Lage gewesen, aufzustehen.

»Toni«, flüsterte ich und kniete mich neben ihn. »Was ist los?«
Er drehte den Kopf und da sah ich die dunklen Flecken auf seinem Gesicht.

»Du bist ja voller Blut! Setz dich mal auf.« Ich ließ ihm keine Ruhe, bis er sich aufrichtete, mühsam, mit leichtem Stöhnen.

»Los, gehen wir rein. Du brauchst Hilfe.« Ich umarmte ihn, drückte ihn. »Steh auf, Toni, bitte.«

Toni rappelte sich auf, stützte sich auf mich. Ich brachte ihn ins Haus nach oben ins Badezimmer, schob ihm einen Hocker hin. Im grellen Licht der Neonröhre sah ich sein zerschundenes Gesicht. Die Lippen aufgeplatzt, überall verkrustetes Blut, ein Auge geschwollen. Vorsichtig zog ich ihm das Hemd aus. Sein Oberkörper war voller Striemen und Prellungen.

»Toni?« Ich strich ihm über die Haare. Schwer lehnte er sich an mich.

»Was ist passiert?«

Er schwieg.

»War *er* das? Vater?« Ich bekam keine Antwort, aber er nahm meine Hand und klammerte sich daran fest. »Ich gehe was holen für die Wunden. Bleib hier sitzen, ja?«

Er nickte und sackte in sich zusammen.

Als ich seine Wunden mit Wasser und einer Calendula-Tinktur reinigte, begann er zu sprechen.

»Ella«, sagte er. »Ich muss von hier verschwinden. Wenn ihr das Maul halten wollt und nichts gegen die Ungerechtigkeit und Gewalt tut, dann ist das eure Sache. Ich kann das nicht. Ich will das nicht.« Er schaute mich eindringlich an. »Du weißt, warum die Zwillinge und Annemarie gestorben sind, oder?«

»Das Feuer ...«, begann ich und merkte, wie mir die Beine schwach wurden.

»Ja, das Feuer«, sagte Toni und lachte auf. »Blitzschlag, das Haus steht in Flammen, niemand ist daheim und die Kinder können einfach nicht raus? Ella, glaubst du das? Natürlich konnten sie nicht raus. Sie waren im Dachzimmer eingesperrt. Eingesperrt! Wie hätten sie dem Feuer entkommen sollen?«

Ich blickte zu Boden.

»*Er* hat sie dort oben eingesperrt.«

Natürlich hatte ich das gewusst. Jeder hatte es gewusst.

Zwei Wochen später war Toni weg. Vater hatte getobt, hatte gesoffen, gebrüllt und jeden verprügelt, der ihm in den Weg gekommen war. Aber er hat Toni nicht suchen lassen. Toni war aus unseren Reihen verschwunden wie Annemarie, Sebastian und Karolina. Nur hatte er kein gusseisernes Kreuz hinter dem Zaun bekommen.

In diesem Moment hörte ich Schritte auf dem Hof, die Eingangstür quietschte. Werner und Grit schauten sich an. Ich fühlte ihre Angst so deutlich wie meine. Wie damals, als wir in der Küche gesessen hatten, hinten auf der Eckbank, und Vater nach Hause gekommen war. Betrunken.

Die Schritte durchquerten den Flur, die Tür wurde aufgestoßen. Ein Mann trat ein, großgewachsen, hager, das Haar schütter. Dahinter ein zweiter, in Anzug und Krawatte.

»Hey, was schaut ihr denn wie ein Topf Sauergurken?«, sagte der erste.

Ich starrte ihn an, traute meinen Augen nicht. War das Toni? Er sah anders aus, so völlig anders, 40 Jahre waren eine lange Zeit. Langsam ging er von einem zum anderen, bis er vor mir stand. Ich sah seine Augen, diese unverwechselbaren dunkelblauen Augen. Lauter Lachfältchen. Ihm fehlte die Verhärmtheit, die mir an Werner und Grit aufgefallen war. Die ich auch in meinen Zügen sehen konnte, wenn ich mein Spiegelbild ehrlich betrachtete.

»Toni«, rief ich. »Mein Gott, du bist es!« Eine Welle der Zuneigung erfasste mich. Mir war, als hätte ich etwas Wertvolles nach langer Zeit wieder gefunden. Ich fiel ihm um den Hals. Die alte Vertrautheit war sofort wieder da.

Er lachte. »Hallo Ella.« Langsam schob er mich auf Armeslänge von sich. »Gut siehst du aus. Ganz anders, als ich es mir vorgestellt habe.«

In der Tür räusperte sich der andere Mann.

»Das ist Herr Brunner«, stellte Toni ihn vor. »Der Notar.«

»Die Herrschaften.« Herr Brunner räusperte sich ein zweites Mal. »Dürfte ich Ihnen den letzten Willen Ihres Vaters verkünden?«

Ich fühlte Vaters Präsenz, als wäre er hier. Mir wurden die Knie weich. Der Notar öffnete seine Mappe, entnahm einige Blätter, schob sie umständlich zurecht und setzte eine schmale Brille auf. »Mein Testament«, begann er zu lesen, machte eine Pause und betrachtete uns eingehend. Dann fuhr er fort: »Ich, Alfred Bauer, bestimme hiermit Folgendes: Ich ordne an, dass mein Sohn Anton Bauer mein alleiniger Erbe sein soll ...«

Ich hörte Werner tief einatmen, sein Gesicht wurde rot.

»Meine anderen Kinder oder in deren Todesfall ihre Abkömmlinge sollen zur Erfüllung des Pflichtteils eine entsprechende

Geldsumme aus meinem Barvermögen erhalten. Winkelsbusch 15. Januar 1995.«

Das Schweigen war dick wie geschlagene Sahne. Endlich ergriff der Notar das Wort.

»Meine Herrschaften, wollen Sie das Erbe annehmen?«

»Natürlich«, sagte Toni, ohne zu zögern.

Werner baute sich vor ihm auf. »Wie kommst du dazu, alles zu erben? Du verschwindest einfach, und vierzig Jahre später vererbt er dir alles?«

Toni sah ihn lange an. »Ich bin im Gegensatz zu euch allen wieder gekommen. Oder hat sich irgendjemand nach Mutters Beerdigung darum gekümmert, wie es Vater ging? In den vielen Jahren, bis er selbst gestorben ist?«

Ich betrachtete meine Fußspitzen und fühlte eine Welle von Reue in mir aufsteigen. Ich war nach Mutters Beerdigung geflohen. Weit weg. Ich hatte vergessen wollen. Ein Blick in Grits und Werners Gesichter sagte mir, dass keiner von ihnen Vater besucht hatte.

»Ich habe ihn besucht«, sagte Toni. »Mutter habe ich nicht mehr gesehen, ich bin erst nach ihrem Tod gekommen. Aber mit Vater habe ich mich versöhnt. Und mich um ihn gekümmert. Bis zuletzt.«

Ich konnte nicht glauben, was ich hörte. Ausgerechnet Toni. Der von uns allen am meisten unter Vater gelitten hatte.

»Seit wann bist du hier?«, fragte Grit.

»Warum hast du uns nie kontaktiert?«, kam es gleichzeitig von Werner.

»Ihr habt mich alle im Stich gelassen«, sagte er leise. »Damals. Alleine konnte ich gegen Vater nicht ankommen.«

Werner drehte sich um und stapfte aus dem Zimmer. Grit folgte ihm. Ich starrte ihnen hinterher, bis nichts mehr zu hören war. Dann drehte ich mich zu meinem Bruder um. Er lachte schon wieder.

»Lass uns feiern, Ella!«, rief er. »Es gibt so viel zu feiern.«

Eine ungeahnte Leichtigkeit erfasste mich. Ich reichte Toni meine Hände und er wirbelte mich durch die leere Stube.

Die Löwin

Die Morgenluft streicht über mein Fell. Vogelrufe schallen durch die Dämmerung. Es wird ein heißer Tag werden, aber noch ist es kühl und dunkel. Wie ein Pfeil durchschneidet deine Stimme den Morgen.

"Okay, Leute, es geht los. Ein paar goldene Regeln noch."

Du hast also wieder einen Pulk Gäste in deinem Landrover. Es müssen neue sein, denn du wiederholst dein Anfangsritual.

Noch seid ihr außer Sicht, aber ich kann mir vorstellen, wie du dich von deinem Sitz erhebst, dich langsam umdrehst zu ihnen und den linken Fuß aufs Trittbrett stellst, wie du es immer tust.

"Bitte stehen Sie unterwegs nicht auf. Die Tiere müssen den Landrover als Einheit betrachten", sagst du, und bei dem Wort "Einheit" bewegst du bestimmt deine Hände, als würdest du die Form des Mondes nachfahren.

"Der junge Mann hier neben mir heißt Manla und hilft mir beim Spurenlesen. Wenn Sie während der Fahrt ein Tier entdecken, das wir übersehen, dann geben Sie bitte Bescheid. Wir halten auch jederzeit, wenn Sie Fotos machen wollen, kein Problem!"

Ich bin sicher, deine Hände streichen weit ausholend wie über flachen Boden bei den letzten Worten. Du nimmst sehr viel Raum ein, und deine Stimme schmerzt in meinen Ohren.

Sie bebt, als du weitersprichst, und ich sehe vor mir, wie deine blauen Augen dabei leuchten. Ihr fahrt zur Nordseite, denn das Rudel habe gestern dort ein Kudu gerissen. Später habe ein Ranger meine frische Spur weiter südwestlich entdeckt. Sicher würde ich die Jungen von dort zur Beute führen. Ihr hättet also eine gute Chance – "eine wirklich gute Chance", wiederholst du –, uns heute auf dem Weg dorthin zu Gesicht zu bekommen.

"Ist das nicht gefährlich, Steve?", fragt eine Frauenstimme.

Nach einer Pause antwortest du tief und gedehnt: "Nicht, wenn ich bei Ihnen bin." Gelächter.

Du hast Recht, Steve. Ich bin unterwegs nach Norden. Aber die Jungen habe ich nicht dabei.

Der Weg, den ihr nehmen müsst, führt in einem großen Bogen am westlichen Grenzzaun entlang. Ich kann mir Zeit lassen, streife durchs Unterholz direkt zu der Stelle, wo der Weg den Bach kreuzt. Hier ist es morastig. Ich überquere ihn und steige langsam den Hügel hinauf.

Der fauchende Warnruf eines Impalas ertönt, Hufgetrampel bricht durch die Dämmerung und verliert sich unten im Tal. Hinter einem Dornbusch auf der Hügelkuppe halte ich inne, wende mich um und warte. Noch stehe ich seitlich zum Wind.

Das Brummen des Motors schwillt an. Eine Weile noch, dann taucht dein Landrover aus dem Halbdunkel auf.

Ja, ich hatte Recht, deine Augen leuchten. Als wärst du ein Kind, Steve. Als wäre all das hier ein Spiel. Deine Fingerknöchel sind weiß, so fest umklammerst du das Lenkrad. Du fährst sehr schnell.

Vor dem Bach hältst du an. Manla springt als erster aus dem Wagen. Er zeigt auf die Stelle im Morast. Sofort bist du hinterher. Deine Stimme bebt jetzt wieder, als du dich über den Abdruck meiner Pranken beugst.

"Das ist eine ganz frische Spur, weniger als eine halbe Stunde alt."

"Viel weniger", flüstert Manla.

Da richtest du dich auf und wendest dich deinem Publikum zu.

"Sie ist allein. Aber heute kriegen wir sie zu sehen, versprochen!"
Ach Steve, du versprichst so gern.
Du steigst ein, greifst nach dem Fernglas. Die Gäste zücken die
Kameras.
Manla hockt immer noch über die Spur gebeugt. Jetzt richtet er
sich auf, hebt seinen Kopf, bewegt ihn langsam nach links. Die
Augen hat er geschlossen.
Ich warte noch, bis Manla die Augen wieder öffnet und den Kopf
schüttelt. Dann drehe ich ab, pirsche den Kamm entlang durch
die Dornbüsche, bis ich den Wind im Rücken habe.
Manla reagiert fast augenblicklich. Er wendet den Kopf genau in
meine Richtung, aber er kann mich nicht sehen. Er deutet nicht.
Seine Nasenflügel zittern.
"Wo?" fragst du.
"Dort oben", flüstert Manla.
Dein Fernglas folgt seinem Blick, aber Manla schüttelt nur den
Kopf.
Da nimmst du dein Gewehr vom Halter, steigst aus und wendest
dich zu deinen Gästen.
"Sie kann nicht weit sein, aber von hier aus können wir sie nicht
sehen. Ich pirsche jetzt da hoch und versuche rauszufinden, in
welche Richtung sie läuft. Dann können wir sie vielleicht am
Fluss abfangen. Ich hoffe, sie dreht nicht ab nach Osten, dort
kommen wir nicht durch."
Manla fasst dich am Arm. In seinen Augen steht eine Ahnung.
Aber du kannst nicht in Manlas Augen lesen, Steve.
"Sie ist satt wie ein Baby", sagst du. "Aber keine Sorge, ich passe
auf."
Dann kletterst du langsam den Hügel hinauf.

Deine Schritte nähern sich, ich ducke mich flach auf den Boden. Der Wind wird stärker, aber jetzt höre ich jeden deiner Atemzüge. Ich weiß, wo du die Kuppe erreichen wirst. Dort liege ich und warte.

Die Dämmerung morgen früh wird kühl und dunkel sein, Steve. Ich werde Vogelrufe hören. Sonst nichts.

über schweigen

in der sprache
habe ich keinen mund
spräche ich nur
könnte ich

he does the killing
who does the killing

aus meinen braunen augen
blicke ich glasklar und blau
und auch aus meinen
grünen augen unerbittlich

oh, wäre ich nur
klein wenig niedlich
würde ich plaudern
hat eine das jemals gehört?
unerbittlich senken sich
die gepfeilten stäbe der syntax

oh, säße ich nur *à l'abris*

ich sehe mit dem mund
mit meinen mündern,
die lippen zum lid gestrudelt
ihr wisst, wie gefährlich der blick ist

schon mancher ist in meinem
sichtfeld verschwunden,
mitten hinein
ich schlürfe motive
meine mattes auge könnte sein:
das auge gottes
da lache sogar ICH

doch nun werde ich sprechen
vom geheimnis meiner bosheit,
von meinem dreifachen schielen.
noch niemals habe ich
einen gesehen
das auge einer katze
und eines vom raubtier geliehen
mein drittes auge ist matt
es ist nicht der himmel,
der blau aus mir leuchtet
dieses blau – kein wenig naiv
die gitterstangen sausen herab
gnadenlose vektoren

ein wenig ordnung
muss sein
mild gerötet
wie pflaume
wie schlehe
wie blaubeere
wie brombeersaft

mein drittes auge ist matt
die gitterstangen
kämmen blutige scheitel
durchs gesicht
noch nie
habe ich
ein wort
gesagt

[in: Bettina Schmitz, trägst den geheimen namen, gedichte, Jubiläum-
sausgabe, illustriert von Traute Schneider Zech, Privatverlag éditions
betweena, Band 22, Würzburg 2018]

die religion der kirschen

rosenweihrauch zur begrüßung
und zum abschied.
das verbrennen der materie.
das summen der bienen.
was bleibt ist eine süße,
in der luft und im mund

… auf dem mond
und auf der erde …

meine liebste gibt mir
ein löffelchen honig

zu schmecken
meine liebste füttert mich
mit caramellisierten rosenblättern
tropfen für tropfen
flößt sie mir tiefdunklen porto ein

meine liebste ist die mondgöttin,
die mir und allen frauen leben
einhaucht – wie sie das vor zeiten
tat, zur ersten geburt – mit honigsüßem
atem und rosenduft
hält sie uns am leben

… tiefrot ist unsere religion,
die religion der kirschen …

meine liebste ist die jungfrau marie,
die in einem palast wohnt in rom.
manche glauben, der papst
residiere im vatikan.
das ist eben glauben.
mit spenden aus mexiko wurde
eigens für sie eine eisenbahn gebaut.
wenn sie genug hat von der seefahrt,
dann nutzt sie diese wege.

heute ist sie eine luftschifferin,
als wäre der abendhimmel
ihr großes meer.

wir hissen die segel
und stechen in luft
gleich um die ecke
hinterm mond

die heilige jungfrau ist
eine uralte schildkröte,
die sich in der sommerfrische
mit tauchübungen vergnügt.
bei der insel der glücklichen paare
geht sie dieser subversiven
beschäftigung nach

*[in: Bettina Schmitz, lilith_neuland. sprache – feminismus – poesie,
ein-FACH-verlag, Aachen 2012, s. 150f.]*

das Lächeln, die Welt

die Frau mit den zwei Gesichtern
mit den Rosenhaaren
mit den Haaren des roten Sommers

Blüten & Blätter
Blüten & Träume
Haut & Haar
Körper in der Welt
an der Grenze, dieser Schwelle

begrüßt sie dich
sanft und zärtlich;
wenn du Glück hast
oder wie auch immer
wir das nennen:
die Welt

die Frauen begrüßen einander
in der Welt
die Augenbögen, Fenster
der Blick, der fragt,
ist das: die Welt?

was soll das – uns?
wo ist das Lächeln?
das Lächeln ist in den Blütenhaaren
in einem orangeroten Traum,
hinter geschlossenen Augen
in dieser Beuge
das Lächeln
die Welt

[in: Bettina Schmitz, LÄCHELN   WEBEN   LEBEN   WELT, Gedichte, Bilder von Traute Schneider-Zech, Privatverlag éditions betweena, Band 26, Würzburg 2019]

Du nicht

Ich wollte dich anpassen sozialisieren
ein von mir gut befundenes Leben anbieten

Hinter mir steht die Gesellschaft

Ich wollte dich glücklich sehen nach meiner Vorstellung
prägen für diese Zeit diese Welt

Hinter mir steht die Gesellschaft

Ich wollte dein Tun leiten
mein Glück in deinem spiegeln Unglück aussperren

Hinter mir steht die Gesellschaft

Doch etwas läuft schief

Du nimmst es nicht an das erprobte Leben

Etwas läuft schief

Du weist ihn zurück den fremden Stempel

Etwas läuft schief

Du willst Herr deines Tuns sein und deines Glücks

wachsen an eigener Erfahrung

Etwas läuft schief

Du nicht

Umarme endlich

Umarme endlich
Das kind
In dir
Es wartet darauf
Dein ganzes leben schon

Gartenblick

Da ist dieser Blick
Der Blick in den Garten
Er streichelt die Seele
Gießt sein Grün auf wunde Nerven
Berührt die Sinne

Da ist dieser Blick
Der Blick in den Garten
Er erhellt das Gemüt
Unterbricht rastloses Streben
Verheißt Wachstum und Glück

Da ist dieser Blick
Der Blick in den Garten
Alles dein sagt der Wunsch
Alles vergänglich flüstert der Verstand
Alles jetzt für immer weiß das Herz

ROST-BLAU

Sie stehen in kleinen Grüppchen, mitten auf der Piazza, Frauen. Einige tragen rostige Umhänge über den Schultern, als hätten sie sich durch einen rostigen Schacht gezwängt, ehe sie hier angekommen sind und den Schulterschutz vergessen haben abzunehmen. Der Wind spielt mit ihren Haaren, die Enden der Umhänge schlagen rhythmisch gegen ihre Beine. Andere sind nur mit hauchdünnen blauen Seidentüchern bekleidet, blau wie die Farbe des Himmels über ihnen, und sie selbst scheinen direkt von da zu kommen, denn sie bewegen sich, als würden sie schweben, schwerelos. Die mit den rostigen Mänteln tuscheln. Vielleicht würde eines Tages die Farbe und Leichtigkeit des Himmels die Schwere der rostfarbenen Umhänge auflösen und alle würden dahin gehen, wo Leichtigkeit und Blau beheimatet sind. Dann wäre es sicher nicht mehr so wichtig, wer eine von diesen schachtdurchgezwängten Neulingen wäre. Vielleicht wäre genau das die Gerechtigkeit, von der man hin und wieder hatte reden hören, ohne zu verstehen, was das bedeutet.
Das sanfte Spiel des Windes schlägt plötzlich um, peitscht die langen Haarsträhnen mancher Frauen a-rhythmisch wie im Zorn gegen Stirn, Nacken und Schultern, als würde jemand sie vertreiben wollen. Die Säume der Umhänge schlagen jetzt wild gegen die Beine. Die Frauen in den dünnen Seidentüchern sind verschwunden.

Sie ist barfuß, aber nicht dadurch hebt sie sich ab von den anderen. Ihre Haut ist schwarz und eine Eisenkette beschwert ihre Schritte. Der rostfarbene Umhang wirkt geschmackvoll abgestimmt zur Hautfarbe. Eine Kamera fixiert in geringem Abstand die Schwarze. Am Ärmelsaum des Fotografen steht ‚Bernutti', der gleiche Schriftzug befindet sich auf der Kameratasche, die er neben sich stehen hat. Sekunden später gruppieren sich ein paar Kinder in bunten Gewändern um das Werbesubjekt. Auch diese Szene fängt der Kameramann mit dem surrenden Gerät ein. Dann verstaut er es in die Tasche und geht. Die Kinder laufen zu einem Eisstand, erhalten von einer Frau mit dicken Wurstfingern Waffeleis und stieben in alle Himmelsrichtungen davon.

Die Schwarze verlässt ihren Platz, ihre Schritte sind langsam, man hatte vergessen, ihr die Eisenkette abzunehmen. Schweiß perlt auf ihrer Stirn, samten schimmert sie in der Sonne. Etwa eineinhalb Meter hinter ihr geht ein Mann, den die Kamera nicht im Visier hatte. Seine Haut ist weiß und er hält das Ende der Eisenkette, was eindeutig darauf hinweist, dass sie absichtlich nicht abgenommen wurde. Niemand nimmt Anstoß daran. Vielmehr scheint es, als blickten alle auf ein gewohntes Bild, bis auf einen weißhaarigen, etwa achtzigjährigen Mann, der verblüfft stehen bleibt. Er fragt eine Passantin, wo denn das historische Theaterstück angekündigt worden sei, in seiner Tageszeitung gäbe es keinerlei Hinweise darauf. Außerdem wüsste er gerne, ob Abraham Lincoln in diesem Stück vorkäme, für den Schauspieler, der ihn verkörpere, würde er sich im Besonderen interessieren. „Ist Ihnen aufgefallen, dass die Kostüme nicht übereinstimmen mit dem Zeitgeschehen? Da ist dem Regisseur aber ein peinlicher Fehler unterlaufen", konstatiert der Alte und blickt einer Passantin, nach Zustimmung und Anerkennung für seine Scharfsinnigkeit heischend, direkt ins Gesicht. Die Angespro-

chene jedoch geht weiter, als habe sie ein Angetrunkener ange-
pöbelt.

Es ist der 23. Juli 1999 und der Sklavenhandel blüht neben Man-
delbäumen, die aus Japan importiert wurden und jetzt mit fei-
nem Sprühregen aus Sprinkleranlagen besprüht werden. Sie sol-
len den Urlaubern ein exotisches Erlebnis vermitteln, was ange-
sichts der wasserspeienden Anlagen ad absurdum geführt wird.
John Carray, ein Industrieller aus den Staaten, hatte die Schwar-
ze auf einem Magazin entdeckt, anschließend eine Fotoagentur
in Paris kontaktiert, 150 000 $ bezahlt und die Schwarze mitge-
nommen.

Der Geruch von ranzigem Frittenfett und Diesel schwebt über
den Marktständen und setzt sich penetrant auf die Obst- und Ge-
müsekisten, erstickt deren Eigengeruch wie Efeu eine brachge-
legte Parkanlage. Es beginnt zu tröpfeln, die Sprinkleranlagen
hören mit einem Mal auf zu sprühen. Ein Parkwächter, er fällt
jetzt erst auf, als er die Schläuche von den Sprinklerköpfen
trennt, blickt zufrieden über die perfekt funktionierende Erfin-
dung, als sei es seine eigene gewesen. Er rollt die Schläuche auf,
legt sie zusammen mit den Sprinklerköpfen auf einen Gerätewa-
gen und schiebt ihn in einen Schuppen. Vereinzelt liegen Schuhe
und Kleidungsstücke auf dem Rasen. Er sammelt sie ein, legt sie
in den Koffer seines Motorrollers und fährt pünktlich um 20 Uhr
nach Hause.

Der Geruch von Frittenfett und Diesel wird von der feuchten
Luft zurückgedrängt. Am nächsten Tag, gegen Mittag, überfällt
er den Platz erneut, begräbt unter sich Menschen und Markt-
ware. Die Schwarze setzt wieder alle Anweisungen des Mannes

mit der Eisenkette in der Hand genauestens um, bevor sie, Stunden später, erschöpft mit ihm den Drehort verlässt.

Sie stehen in kleinen Grüppchen, mitten auf der Piazza, Frauen. Eine Schwarze mit einer Eisenkette um den linken Knöchel ist unter ihnen. Sie haben rostige Umhänge über den Schultern. Sie tuscheln und blicken jenen nach, die sich bewegen, als würden sie schweben.

ENDLICH   *für Jiří Gruša*

Wieder am Schreibtisch
vor dem Fenster die Farben
als gäbe die Zeit Signale.
Was wird geschehen, warum
meine Ungeduld vor den Blättern?
Auf das Papier kommen Linien
werden zu Wörtern
die ich manchmal begreife
wie Licht oder wie Wärme.
Was geschehen wird?
Verschwinden werden die Farben
wenn ihre Stunden vorbei sind.
Das wird geschehen.
Möge eines mir bleiben
das Gedicht, das Ende des Handelns.
So soll es werden
ist es gut.

KURZGESCHICHTEN

eine Alte
die sich im Spiegel küßt
der Blick des Zuschauers
stört sie nicht

ein Rover im Sand
ohne Fahrer
eine Fatamorgana
von niemandem beachtet

im Dunkel
das Knirschen des Schnees
unter den Schuhen der Zeitungsausträgerin
ihr halblautes Selbstgespräch

Trainingsstunden am Feierabend
einer, der dauernd sich auflöst
und gegen sich kämpft
kämpft

die Frau die ihr Haar wäscht
während drei Straßen weiter eine Bombe hochgeht
ihre Bewegungen sind wie immer
der Hahn gibt noch Wasser

auf einem Moskauer Markt
der Greis, er tauscht
ein Buch von Andrei Platonov
gegen Trockenpflaumen gleichen Gewichts

eine, die nicht genug kriegen kann
eine Sammlerin
der die Leute mißtrauen
und der sie alles erzählen möchten

UMWEGE

an einer Erzählung herumprobiert und
zuletzt ein Gedicht angefangen
an dem weiterzumachen sich lohnt

eine Heirat, um sich
von einem Mann trennen zu können

mäandernde Flüsse, auf die am Ende das Meer wartet
der Vogel, der mit einer Steinsammlung um die Schöne wirbt
Blumen, bevor man in Verhandlungen eintritt
barocke Kapitelüberschriften

warten lernen
oder besser nicht warten
ein Bad nehmen
Wäsche einräumen
Gartenarbeit
halb gedankenlos
halb konzentriert

so machen wir uns auf den Umweg

rücken eine Vase zurecht
treten noch einmal auf den Balkon
schnipsen vom Tisch die Brösel

dann sind wir auf einmal da

Der Todeskuss*

Dein Mund auf meinem.
Ich verlor allen Umriß

…

Du küßtest mich zärtlich
und gingst.

Im Heidelberger Graimbergweg 5, dem Domizil der Dichterin Hilde Domin, herrschte eine sonst nicht geduldete Unruhe. Es war ein Kommen und Gehen. Abschiednehmen. Domins Ehemann Erwin Walter Palm rang mit dem Tod, seit Tagen schon.
Das Sterbezimmer glich in diesem Meer der Betriebsamkeit einer Insel der Stille. Hilde Domin hatte die Matratze aus ihrem Zimmer vor das Bett ihres Mannes geschleppt und ruhte sich immer wieder neben ihm aus. Sie legte sich zu ihm ins Bett, fieberhaft schrieb sie dort Gedichte und übertrug sie ins Italienische – ihre gemeinsame Sprache der Glückseligkeit. In der Nähe blendete sie jegliche Wirklichkeit aus.
Am Morgen hatte die Krankenschwester Hilde Domin darauf vorbereitet, dass Erwin Walter Palms Kräfte endgültig versagten.
In den letzten Lebensminuten umarmte Hilde Domin ihren Mann. Zärtlich zuerst. Doch plötzlich wuchtete sie ihn mit unerwarteter Entschlossenheit und Kraft auf ihren Schoß. Angesichts der Unabwendbarkeit des Todes küsste sie ihn. Verschmolz mit dem Sterbenden in einen letzten leidenschaftlichen Kuss, den erst der Tod Erwins beendete. »Deine Zunge in meinem Mund / stand plötzlich still/ nie mehr / öffneten sich deine Augen.« Auf

unzähligen Notizzetteln hielt Hilde Domin diesen letzten Atemzug fest, thematisierte ihn in schlaflosen Nächten später wieder und wieder: »Dieser Kuss ausserhalb der Zeit als könnten sie nicht enden diese sanften Küsse Die Furcht hörte auf Mund an Mund deine wie meine wir küssten uns dann hieltest du inne deine Lippen standen still jemand sagte weinend, das sei der Tod wir starben zusammen wieso bin ich hier«, notierte Hilde Domin unmittelbar nach Erwins Tod ohne Punkt und Komma.

Eine Freundin wird das Bild nicht vergessen, das sich ihr unmittelbar nach Erwins Tod bot: Die Dichterin saß im zerwühlten Bett, ihren toten Mann auf dem Schoß hielt sie fest umschlungen. Die Szene glich einem Gemälde von Maria mit ihrem Kind oder mehr noch, als ob eine Mutter ihren geliebten Sohn in den Armen hält.

Hilde und Erwin hatten früher immer davon gesprochen, »wie ein italienisches Liebespaar der Renaissance im Coitus zu sterben. Jetzt war es annähernd einer, wir haben uns geküsst.« Mit den Füßen zueinander hatten sie ursprünglich gemeinsam begraben werden wollen, um im Jenseits beim Auferstehen als erstes das geliebte Gesicht des anderen zu sehen.

»Dein Mund auf meinem. / Ich verlor allen Umriss. / [...] / Du küßtest mich zärtlich / und gingst«.

Dieser Kuss des Sichverlierens – er war als Bild schon in einem ihrer ersten Gedichte in Santo Domingo angelegt worden.

Anwesende assoziierten mit diesem letzten Akt mehr Heftigkeit als Zärtlichkeit. Hilde Domin hatte ihrem Mann mit diesem ersterbenden Kuss ihre Liebe für ewig mit auf den Weg gegeben.

Loslassen fiel schwer und so zögerte sie den Abschied von ihrem Ehemann solange hinaus, wie es die gesetzliche Frist erlaubte.

Sechsunddreißig Stunden lang lag oder schlief sie neben ihrem toten Mann, wie ein Kind an seine Seite gekuschelt.

Den Abschied hatte sie lange vorher schon vorbereitet, Grabbeigaben herausgesucht. Jetzt ritualisierte, ja, zelebrierte sie ihn: Eine römische Medaille legte sie Erwin um den Hals, mit Rosen bedeckte sie seinen toten Körper, ihre Gedichte aber breitete sie zu seinen Füßen aus.

Und auch das Epitaph stand schon fest: »Wir setzten den Fuß in die Luft und sie trug.«

* Auszug nach:
Marion Tauschwitz: Hilde Domin. Dass ich sein kann wie ich bin.

Bahnen

Grau, ohne Krempe, aber an der einen Seite mit drei nach oben abstehenden Zacken, der Silhouette einer Krone. Wenn schon ein Hut, dann dieser. Dieser Hut würde so ziemlich alle Kopfbedeckungen für die nächsten zehn Jahre überflüssig machen. Und er würde dumme Fragen, ausgesprochene und unausgesprochene, abwehren, als hätte er noch die Gene eines Ritterhelms in sich. Susanne könnte eintreten und fragen, kann ich bitte etwas anprobieren? Den zweiten Hut von links. Aber ich weiß leider meine Hutgröße nicht. Daran ist die Verkäuferin allerdings gewöhnt. Neben der Tür steht ein zimmerdeckenhoher altmodischer Schubladenschrank, mit einem Knopf unter jedem Schubladengriff, das Geschäft führt auch Knöpfe und Krawatten.

Inzwischen ist der Reisende mit seinem Zeitplan durcheinandergekommen. Das Meeting, einziger Grund für seine Reise, ist weit früher zu Ende gewesen als gedacht, man hat nach der letzten Wortmeldung vergeblich versucht, sich an die früheren Wortmeldungen zu erinnern, und wie üblich beschlossen, sich in drei Wochen wieder zu treffen, wenn neue Erkenntnisse vorlägen, aber dann besser in Frankfurt, das liegt zentraler. Der Reisende fragt sich, ob es klüger wäre, das Hotelzimmer abzubestellen, nur ist sein Mobiltelefon ein altes Modell, mit dem er weder die Website des Hotels aufrufen kann noch die der Bahn, um festzustellen, ob am gleichen Abend noch ein Zug geht. Er könnte natürlich mit dem Hotel telefonieren oder mit der Bahnauskunft, aber das Hotelzimmer hat das Sekretariat gebucht, er kennt zwar die Adresse, aber nicht die Buchungsnummer, im

Sekretariat erreicht er um diese Zeit mit Sicherheit niemanden mehr, und wie es um die Erreichbarkeit der Bahnauskunft bestellt ist, ist ja allgemein bekannt. Na ja, selbst schuld, wenn man es nie für nötig gehalten hat, das alte Modell durch ein Smartphone zu ersetzen.

Vielleicht steht vor dem Schrank ein junger Mann in Parka und Mohairschal und guckt daran auf und ab, er hat merkwürdigerweise einen Zwergspaniel an der Leine, vielleicht entwirft er Jacken mit auffallenden Knöpfen und sucht hier nach Material, oder er will nur in dem Laden mit seinem Hund den Regen abwarten, jedenfalls macht er Susanne Platz, damit sie freie Sicht auf den Spiegel hat, er äußert sich gutgelaunt über die erstaunliche Auswahl des Ladens. Susanne stimmt ihm zu, der junge Mann fragt, wieso es eigentlich immer hieße, Hüte wären ein alter Hut, worauf Susanne kichert, und weil der Hund Susanne mit großen Augen anguckt und kurz kläfft, der junge Mann ihn hinter den Ohren krault und Susanne sagt, der ist aber süß, oder etwas dergleichen, kommt einem der beiden der Gedanke zu fragen, ob dem anderen nach Kaffee zumute sei.

Wahrscheinlicher ist natürlich, dass kein anderer Kunde da ist, aber Susanne gefallen der Hut und der Spiegel und Susanne im Spiegel und findet, dass dies einer ihrer besseren Spontankäufe werden wird. Sie erschrickt, weil sie genau drei Euro zu wenig in der Brieftasche hat, dann findet sie in der Manteltasche noch zwei Euro zwanzig und die Verkäuferin gibt ihr großzügig Rabatt. Der Regen ist stärker geworden, aber ein paar Schritte weiter sieht sie ein Café mit vertrauenerweckend abgewetzten

Stühlen. Es ist voll, der Kellner nimmt ihre Bestellung auf, noch während er sie an einen Zweiertisch bugsiert. Die Frau am Tisch trägt einen Mantel, dessen Kirschrot den ganzen Raum ausleuchtet, sie räumt ihre Einkäufe beiseite, damit Susanne sich setzen kann, der Hut gerät ins Rutschen und landet auf der Teekanne. Die Frau lacht und fragt, wo Susanne den Hut gekauft hätte, und Susanne, die schon seit längerem niemand mehr dergleichen gefragt hat, gibt bereitwillig Auskunft.

Selbst wenn Susanne sich zu guter Letzt dagegen entschiede, den Hut zu kaufen – der Laden riecht nach fehlenden Kunden und in dem blinden Spiegel erkennt sie sich nicht wieder –, bliebe sie lange genug im Geschäft, dass sie eine spätere U-Bahn nimmt, anstatt viel zu früh und mit dem üblichen Gefühl, etwas verpasst zu haben, zu Hause anzukommen. An den Wandfliesen in der U-Bahn-Station pappt ein Aufkleber, der für den Auftritt einer jungen lyrisch-dramatischen Band im Innenhof eines Fabrikareals wirbt, was auch immer darunter zu verstehen sein mag. Möglicherweise nichts, solange sie spielt.

Eine Weile überlegt der Reisende noch, ob er sich unter irgendeinem Vorwand von einem Kollegen ein Smartphone borgen soll, Akku leer oder so etwas, aber ein Zimmer erst am Anreisetag zu stornieren ist ohnehin nicht möglich, also bleibt er über Nacht hier wie vorgesehen. Immerhin befindet er sich hier in einer Metropole, die für ihr pulsierendes Nachtleben und ihre zahllosen Sehenswürdigkeiten bekannt ist. Er glaubt sich vage zu erinnern, dass die Buslinie einhundert an den meisten Sehenswürdigkeiten vorbeifährt, auch wenn er keine Kamera dabei hat, selbst schuld, wenn man es nie für nötig gehalten hat, das alte Mobiltelefon durch – aber das hatten wir ja schon. Er zieht unsicher einen Einzelfahrschein aus dem Automaten und hofft, dass er damit umsteigen darf. In der Dämmerung ist nicht mehr allzu viel von den Sehenswürdigkeiten zu erkennen, der Fahrer macht auch keine Ansagen, und der Bus fährt keineswegs, wie er es sich vorgestellt hat, im Kreis und kehrt zu der gleichen Haltestelle zurück, sondern bleibt irgendwo anders stehen, der Fahrer stellt den Motor ab, dem Reisenden bleibt nichts anderes übrig, als sich den anderen Aussteigenden anzuschließen und sich mangels Alternativen an seinem Aktenrollkoffer festzuhalten.

Die Straße, in der sich sein Hotel befindet, hat einen weltbekannten Namen. Er entschließt sich, zu Fuß zu gehen, mit dem Liniennetzplan als grober Orientierung. Es dauert nicht allzu lange, bis er weiß, dass die Straße weit länger ist als gedacht, er muss mit einem Fußmarsch von mindestens einer halben Stunde rechnen, mit Koffer und mit Hunger. In der Innenstadt hätte es natürlich ein Lokal neben dem anderen gegeben, aber er ist jetzt doch schon so weit von der Innenstadt entfernt, dass sich nur noch Versicherungsgesellschaften und Kanzleien aneinanderreihen. Irgendwann überwindet der Reisende seine Angst, sich zu verlaufen, und biegt in eine der kleineren Nebenstraßen ab.

Aus einem Hauseingang heraus duftet es nach Meergrün, weiß der Himmel, wie etwas nach Meergrün duften kann, es ist eben so.

Der Raum ist derart winzig, dass nur eine lange Sitzbank an der einen Seite und zwei kleine Tische Platz haben. Dem Reisenden wird angst und bange, womöglich ist er hier in ein Privathaus hineingestolpert, die beengte Wohnküche einer asiatischen Familie, in der sich das ganze Leben abspielt, er ist hier ein Eindringling, auch wenn ihn wohl kaum jemand für einen Einbrecher halten wird, drückt er sein *hallo* den Hals hinunter, darf er nun auf sich aufmerksam machen oder nicht. –

Maylin erscheint, begrüßt ihn mit einem leisen *Guten Abend*. Der Reisende schiebt sich vorsichtig auf die Bank und sieht zu seinem Erstaunen, dass unter dem Tisch die Bestandteile einer Eisenbahn liegen, hölzerne Schienen, eine hölzerne Brücke, eine Lokomotive, ein paar Waggons, ein Signal. Auf der Speisekarte stehen nur wenige Gerichte. Ente, sagt der Reisende, Ente in grüner Kokos-Curry-Soße, und Sprite, wenn Sie das haben. Maylin bringt die Flasche und das Glas, und das kleine Kind in der grünen Latzhose krabbelt unter den Tisch und fängt an, die Weichen zu stellen. Der Reisende fragt, Ihr Kind? Maylin nickt, Akuna, was den Reisenden noch unsicherer macht, weil er nicht weiß, ob Akuna ein Jungen- oder ein Mädchenname ist, und das Kind trägt eine Ponyfrisur, aus der sich das Geschlecht auch nicht ableiten lässt.

Susanne ist an diesem Tag bis jetzt mit fünf gesprochenen Wörtern ausgekommen. Aspirin bitte, zwanzig, danke, tschüs. Kürzlich hat sie überlegt, ob sie ihren Festnetzanschluss abschaffen soll. Die letzte, die sie noch über Festnetz angerufen hat, ist Oma gewesen, und Oma lebt inzwischen im Heim.

Hinter den Biergläsern klingelt das Telefon, der Reisende versteht kein Thai, aber er merkt, dass Maylins Gesicht ängstlich wird. Sie ruft nach hinten, Saimon, eilt hinaus. Das Kind unter dem Tisch hat einige Schienen zusammengeschoben und versucht, die Waggons aneinanderzukoppeln, es scheint aber nicht recht zu gelingen, die Waggons haben Magneten an jedem Ende und die Lokomotive einen hinten. Der Reisende rutscht unter den Tisch und hilft, schau, jetzt geht es. Das Kind grinst. Der Reisende sieht zwei Jeansbeine an sich vorbeilaufen, dann wird draußen ein Moped gestartet. Ihre Ente, sagt Maylin.

Bitte – ich weiß, es ist unüblich, aber bitte geben Sie mir den Teller hier herunter.

Er verzehrt sein Essen auf dem Boden im Schneidersitz und steckt für das Kind die Holzschienen zu einem Kreis zusammen und macht tschu-tschu-tschu, die Ente schmeckt ausgezeichnet. Als der Zug im Lokschuppen steht, ist Maylins Mann immer noch nicht zurück von seiner Lieferung, wäre noch ein weiterer Gast gekommen, hätte sich Maylin allein um alles kümmern müssen, er weiß nicht, ob er das gut finden soll oder schlecht, er ist der einzige Gast geblieben, bei Maylin und ihrem Kind, fast so, als wäre er hier zu Hause.

Es wäre schön, denkt er, wenn Maylin Gästezimmer anbieten würde, es könnte ruhig nur eine Abstellkammer mit einer Liege darin sein, dann würde er das Hotelzimmer stornieren, zum Teufel mit der Gebühr, er könnte morgen mit der Familie frühstücken, beobachten, wie Maylin Akuna füttert, und Saimon fragen, wie die Stadt vom Sitz eines Mopeds aus aussieht. Linie einhunderteins. Aber das wäre nun wohl doch zu viel verlangt. Er rappelt sich hoch, bezahlt und fragt Maylin, ob sie wüsste, wo sich sein Hotel befände. Maylin meint schüchtern, dass sie sich im Westteil immer noch nicht so gut auskenne, aber sie würde ihm einen Stadtplan bringen. Der Reisende fragt sich einen weiteren verrückten Moment lang, ob der Stadtplan womöglich so alt sein würde, dass darauf nur die Osthälfte der Stadt abgebildet sein würde, mit einem weißen Fleck zur Linken, falls es solche Pläne überhaupt je gegeben hat, aber Maylin bringt einen neuen Werbeflyer mit Anfahrskizze. Das Hotel ist ganz in der Nähe.

Am Eingang zur S-Bahn-Station gegenüber, wo er eigentlich hätte ankommen sollen, hat ein Blumenstand noch geöffnet. Den hier, bitte, sagt der Reisende, er kauft einen Strauß geflammte orangerote Dahlien. Dann macht er kehrt, läuft zurück. Er ist froh um den Koffer, so als müsste Maylin ihn mit dem Koffer einlassen und ohne Koffer nicht.

Leicht erstaunt hat Susanne den weggeworfenen Fahrschein aufgehoben, er ist nicht entwertet, am Wohnort des Reisenden befinden sich die Entwerter in den Bahnen und nicht an den Bahnsteigen, der Reisende ist zum ersten Mal in seinem Leben schwarzgefahren ohne es zu wissen. Damit ist Susannes Entschluss gefasst gewesen, und sie ist nun doch zu dem Konzert der lyrisch-dramatischen Band gefahren, die alles, was es so zu sagen gäbe, in den Nachthimmel befördert. Am Getränkestand holt Susanne sich ein Glas Rotwein und hält es in die Höhe wegen des Gedränges, und prompt gleitet ihr der Mond über den Glasrand in die dunkle Flüssigkeit. Ich habe den Mond eingefangen, sagt sie in die Pause hinein, und jemand wird es hören, und womöglich steht hinter ihr in der Schlange ein junger Mann in einem regenfeuchten Parka, aus dessen Tasche ein Zwergspaniel seine Schnauze steckt.

Zuerst findet der Reisende das Haus nicht wieder, weil die Fenster dunkel sind und Susanne den Mond eingefangen hat und auch die Lampe über dem Glaskasten für die Speisekarte nicht mehr brennt, dann steht er vor der verschlossenen Tür. Es gibt eine Klingel. Klingeln sind dazu da, dass man sie drückt. Aber nicht dazu, dass er sie drückt. Er klingelt nicht. Er legt die Dahlien vorsichtig auf den Fußabstreifer. Vielleicht haben sie seine Buchung gestrichen, überlegt er, manche Hotels garantieren eine Buchung nur bis achtzehn Uhr. Dann nur dann, könnte er klingeln. Oder warten, bis es Morgen wird, vor der Tür, hinter der er auf dem Boden essen darf und eine Holzeisenbahn eine ewige Reise um ein Tischbein herum fährt.

In der Hotelhalle händigen sie ihm ohne weiteres den Schlüssel aus, und widerstandslos wendet er sich zur Treppe.

März 1924

Den Mund weit geöffnet, Regentropfen mit der Zunge einfangend, lauschte Irma dem Regen. Ein wohliger Schauer kroch über ihren Rücken. Festhalten wollte sie diesen kurzen Augenblick der Stille, den nahenden Frühling, den Regen, den wärmenden Stallgeruch, das zufriedene Wiehern der Pferde.

Ganz früh am Morgen war sie in ihre Arbeitskleidung und die Gummistiefel geschlüpft, hatte die Pferde gefüttert, den Stall ausgemistet. Öhm Karl hatte extra für Irma einen kleinen Karren gebaut, weil der Große zum Ausmisten für sie zu schwer gewesen wäre. Auch eine Trittbank hatte er gebaut und seit sie auf dieser hochklettern konnte, half sie beim Striegeln der Pferde. Die Arbeit im Pferdestall war Öhms Aufgabe, die er gern mit Irma teilte. Irma war klein und der Öhm war alt. So oft das Mammerl ihr Zeit ließ, ging sie in den Stall. Es gab immer zu tun. Ausmisten, Füttern, Striegeln, die Tiere auf die Koppel bringen, ausreiten.
Zufrieden mit ihrem Morgenwerk strich Irma sich mit der Hand übers Gesicht. Wie weich und duftend ihre Haut vom Regen wurde.
"Träum nicht rum, hol lieber den Öhm" rief die Mammerl ihr vom geöffneten Küchenfenster zu. Irma drehte sich dem Haus zu. "Hat er wieder die Zeit vergessen?" Das Mammerl zuckte mit den Schultern und ging vom Fenster weg.

Im Haus roch es nach brennendem Holz, getrockneten Äpfeln und frischem Brot. Irma betrat die Küche und legte dem

Mammerl die Arme um die Hüfte. "Nun mach schon, hol den Öhm" grummelte diese, strich Irma kurz übers Haar und schob sie weg von sich.

Irma stieg die Treppen hinauf, bemüht, das Knarzen der Stufen zu vermeiden. Das war etwas, was der Öhm nicht mochte. Kinder, die Krach machten. Kinder, die unvorsichtig waren. Kinder, die ihn störten. Irma wollte nicht stören. Irma wollte alles richtig machen. Sie wollte gemocht werden, von allen, immer. Auch wenn das ganz schön anstrengend war, alles so zu machen, dass niemand etwas zum Schimpfen fand. Das Mammerl schimpfte oft mit ihr, der Öhm fast nie. Er war ein großer Mann, ein alter Mann, aber selbst ihr Vater traute sich nur selten, ihm zu widersprechen. Wenn der Öhm ihr übers Haar strich und "Ach Irmel, werd bloß nicht erwachsen" zu ihr sagte, kribbelte es in ihrem Bauch, als würden viele kleine Krabbeltiere vor Freude durcheinander hopsen. In letzter Zeit strich der Öhm ihr häufig übers Haar.

Irma öffnete leise die Tür. Der Öhm lag schlafend in seinem Bett. "Öhm, die Mammerl ruft zum Essen" sagte sie leise. Er rührte sich nicht. Sie trat näher an das Bett heran, streichelte seine Hand. "Öhm Karl", versuchte sie es etwas lauter. Der Öhm reagierte nicht. Noch nie hatte sie den Öhm aus einem tiefen Schlaf wecken müssen. Meist saß er in seinem Ohrensessel und schaute aus dem Fenster. Oder er war eingenickt, wachte aber beim leisesten Geräusch auf. Sie drückte seine Hand fester, kaute auf ihrer Unterlippe. "Öhm wach auf, der Kaffee wird kalt!" versuchte sie es erneut. Keine Reaktion. Irma entdeckte den Schemel, der neben der Anrichte stand, schob ihn an das Bett, kletterte darauf und rüttelte entschlossen an seinen Schultern. Er regte sich nicht. "Wach auf, bitte, bitte wach auf". Ein Schluchzen belegte ihre Stimme. Der Öhm regte sich nicht. Irma rüttelte und rüttelte an ihm und ihre Tränen tropften auf sein Laken. Sie war so in ihre Aufgabe vertieft, dass sie den Vater nicht bemerkte. Als sie seine Hand auf ihrer Schulter spürte, schrak sie zusammen, erkannte ihn und ihr Körper entspannte sich. Die Hand des Vaters war schwer und warm. "Der Öhm schläft so tief" schluchzte sie und klammerte sich an ihrem Vater fest. Der strich ihr beruhigend über den Rücken, setzte sich auf den Schemel und hob Irma auf seinen Schoß. "Der Öhm schläft nicht, Irmel" sagte er mit belegter Stimme. "Der Öhm ist tot."

Irmas Körper versteifte sich. Mit schreckweiten Pupillen starrte sie den Öhm an. "Tot?" fragte sie ungläubig.

Irma kannte sich aus mit dem Tod. Oft schon hatte sie dem Vater beim Schlachten zugesehen. Das Huhn ohne Kopf flatterte noch eine Weile im Stall herum. Die Augen der Kuh, wurden blind, kurz danach zuckten die Beine noch, bevor die Kuh erstarrte und ganz steif wurde. Wenn Tiere geschlachtet wurden, waren sie tot. Der Öhm aber sah aus, als schliefe er. Er sah nicht aus, als hätte ihn jemand geschlachtet.

"Müssen wir den Öhm jetzt essen?" fragte Irma. Der Vater schüttelte den Kopf. "Red nicht so daher, Irmel" sagte er streng, hob sie von seinem Schoß und stellte sie so vor sich, dass sie ihn ansehen musste. "Vater Karl essen? Woher hast du nur immer deine narrischen Gedanken" fragte er unwirsch. Irmas Gesicht färbte sich tiefrot. "Aber wir essen doch alles, was tot ist" antwortete sie leise.

Der Vater und das Mammerl verhingen im Haus alle Spiegel.

Neben der Eingangstür zum Haus wurden Grablichter aufgestellt. Später am Tag hörte sie das Mammerl zum Knecht sagen "Der Karl ist gegangen." Der Knecht antwortete "Möge er in Frieden ruhen!" und zog los, um die Nachbarn zu informieren. Zuerst informierte er den Küster und dieser informierte den Pfarrer und noch bevor der Knecht wieder zurück war, läuteten die Glocken der Kirche und riefen zur Totenwache.

Wie vom Mammerl beauftragt zog Irma ihren Sonntagsstaat an und verhielt sich leise. Gretel, die Magd, hatte ihr alles genau erklärt. Totenwache hieß still im Zimmer sitzen, ganz nah beim Öhm, der inzwischen in einer Holzkiste lag, die auf dem großen Esstisch in der Wohnstube stand. Die stickige Luft, die Dunkelheit im Raum, das mit gefalteten Händen Sitzen ermüdete sie und ihre Gedanken schweiften herum. Der Öhm hatte ihr das Reiten beigebracht. Gegen den Willen des Mammerls. "Sie is ne Bauerntochter" hatte er gesagt "und ne Bauerntochter muss reiten können". Als das Mammerl keine Ruhe gab, war er laut geworden. "Mein Hof, meine Regeln, Basta!" Mit diesen Worten beendete er die Diskussion und seitdem verbrachte Irma viel Zeit mit dem Öhm im Stall. Anfangs hatte sie große Angst vor den Tieren gehabt. Traute sich nicht, das Liesl anzufassen, zu streicheln. "Dein Geruch, das Liesl muss sich erst an deinen Geruch gewöhnen" hatte er ihr erklärt. Nie sonst sprach der Öhm so sanft mit ihr, wie in der Nähe der Pferde. Seine Sanftheit war es, die Irma mit jedem Tag mutiger werden ließ. Sie lernte den Stall ausmisten, die Pferde striegeln. Nach ihrem ersten gemeinsamen Ausritt hatte der Öhm ihr das Liesl geschenkt. Es war das erste Mal, dass Irma dem Öhm vor Freude um den Hals fiel. "Danke,

Danke, Danke" hatte sie immer wieder gerufen und der Öhm hatte verlegen gewirkt, als er sie von sich schob.

Auch am zweiten Tag wurde nicht gesprochen im Ruheraum des Öhms. Ein unangenehmer Geruch breitete sich aus, den außer Irma niemand zu bemerken schien. Wie schafften es die anderen, so viele Stunden am Stück zu beten? Sie hatte ihr Gebet schon so oft wiederholt. Sie wusste nicht, ob der liebe Gott ihr ein Zeichen gäbe, wenn sie genug gebetet hätte. Sie wollte nicht mehr stillsitzen. Sie wollte nach draußen in den Hof, um nach dem Liesl zu sehen. Die war bestimmt hungrig. Irma blickte verstohlen zu ihren Eltern und ihr Blick blieb an den unmerklich zuckenden Mundwinkeln des Mammerls hängen. *Bestimmt darf ich nie wieder auf Liesl reiten, jetzt wo der Öhm gegangen ist.*

Beim ersten Läuten der Glocken, stand der Vater auf, ging zu dem Sarg und verdeckte das Gesicht des Öhms mit einem Tuch. Die Frauen bliesen die Kerzen aus und der Vater öffnete das Fenster. Zwei Männer kamen herein und deckten den Sarg mit einem Deckel zu. Die Frauen traten an die Wand, die Hände noch immer wie im Gebet gefaltet. Mit einem Kopfnicken forderte das Mammerl Irma auf, es ihnen gleich zu tun. Der Vater, die zwei Männer und der Knecht trugen den Sarg aus dem Zimmer. Das Mammerl fasste Irma an der Hand. Sie liefen hinter den Männern mit ihrer schweren Last. Die anderen Frauen und Männer folgten dem Zug schweigend über das Feld bis zum Friedhof. Es regnete. Auf dem Friedhof setzten die Männer den Sarg auf dem durchnässten Boden ab.
Der Pfarrer sprach ein Bußgebet und stimmte ein klagendes Lied

an. Alle stimmten in den Klagegesang ein. Beim Klang der rauen Stimme des Mammerls fröstelte Irma. Als das "Amen" der Menge sich mit den Atemwolken der Betenden aufgelöst hatte, hoben die Männer den Sarg behutsam in das Grab. Der Sarg mit dem Öhm versank in der nassen und kalten Erde. Irma schluchzte. "Da friert er doch" rief sie und ein paar der Umstehende zischelten ihr zu, sie solle still sein. Das Mammerl kniff sie mahnend in den Arm.

Irma schloss ihre Augen, legte den Kopf in den Nacken und versuchte, mit der Zunge Regentropfen zu fangen.

Eden

Die kantige Erde
eine Kugel
zerdrückt zwischen Händen
Menschen fallen durch
schwarze Löcher
auf eine Wiese mit
Schlüsselblumen und
sprudelndem Bach
ertrinken auf der Flucht
hungern werden gefangen.
Fallen zurück ins Paradies
zwischen Distel und Mohn.
Diesmal ist Gott gnädig
keine Schlange keine Äpfel
keine Pforten zur Welt.
Ein Garten Eden ewig Eden
die kantige Kugel flach geklopft.
Die Menschen kringeln sich
vor Freude in Feriengondeln
Abenteuerrutschbahnen
in Schnee und Sahne
Coffee to go.
Gott macht seinen Frieden,
nimmt die Scheibe und
wirft sie in die Unendlichkeit –

Die Sternenseherin

So legt euch denn ihr Brüder, in Gottes Namen nieder; kalt ist der Abendhauch. Verschon uns Gott! mit Strafen, und lass uns ruhig schlafen! Und unsern kranken Nachbarn auch!
Marie hörte die Worte, aber sie sah niemanden. Da summte und sang eine Frau das Abendlied der Sternenseherin Lise. Oder war es Lise selbst, die irgendwo hinter Marie im Dunkeln stand und ihr Lied sang: Ich werf' mich auf mein Lager hin und liege lange wach. Und suche es nach meinem Sinn, und sehne mich danach. Marie stand an der Bushaltestelle und fühlte sich, als würde der Bus, auf den sie wie jeden Abend wartete, niemals kommen. Als stünde sie mit der Sternenseherin Lise allein an dieser Straßenecke und schaute zu, wie der Linienbus ohne sie abfuhr. Wie sie hinterherschaute. Wie das Wasser von den Reifen auf ihren Mantel spritzte. Sie sah ihr Spiegelbild in den Busfenstern vorbeigleiten. Sie sah die Fahrgäste im Inneren, wie sie Zeitungen aufschlugen, ihren Kaffee tranken, Musik hörten oder sich unterhielten. Sie erkannte ihre Kolleginnen aus dem Supermarkt, ihren Chef, den Anwalt aus der Kanzlei von gegenüber. Sie winkte, aber niemand sah sie.
Marie rief. Der Bus fuhr den Hügel hinunter, vorbei an der Waschanlage. Längst geschlossen. Vorbei an der Tankstelle. Vierundzwanzig Stunden geöffnet. Marie hatte sich schon oft gefragt, wer nachts um drei dort tankte. Wie immer bremste der Fahrer am Ende der Straße, ehe er links auf die Hauptstraße Richtung Innenstadt abbog. Die Bremslichter leuchteten zweimal kurz auf, dann war der Bus verschwunden. Ihr Bus, mit dem sie jeden Abend nach Hause fuhr. Marie, Archäologie studiert,

abgebrochen, zuständig seit zwei Monaten für das Einräumen der Regale in der Frischeabteilung. Von Butter bis Käse. Von bretonischen Biohühnchen bis Serrano-Schinken. Acht Stunden lang behielt sie alle Kühlregale und Tiefkühltheken im Blick und bestückte sie mit neuer Ware. Zeichnete aus, sortierte, holte Ware aus dem Lager. Fror und schwitzte. Immer freundlich, niemandem im Weg. Marie hatte keine Ahnung, wo und wie das enden sollte.

Dann saget, unterm Himmelszelt, mein Herz mir in der Brust: Es gibt 'was Bessers in der Welt als all ihr Schmerz und Lust.

Marie hörte die Worte, aber wo versteckte sich die Sängerin Lise? Und wo war ihr Bus? Warum stand sie an der Haltestelle und hatte dem Bus nachgesehen? Wo waren all die anderen, die sonst mit ihr warteten? Marie reckte den Hals, schaute in den Himmel: Werfen die Sterne Schatten? Sie wusste es nicht. Und sie sah auch nicht, wie die Sternenseherin Lise sich neben Marie stellte: Warten Sie auf den Bus?

Ja, sagte Marie erschrocken. Und sah die Kegel der Scheinwerfer oben auf der Straße. Ich bin neu hier, sagte Lise. Meine erste Fahrt heute. Mein erster Tag. Ich bin für die letzte Kasse zuständig. Die an der Wand. Springerin. Der Bus kroch durch den Regen. Schnaufend öffneten sich die Türen. Marie und die fremde Frau stiegen ein. Marie erschrak: Sie waren die einzigen Fahrgäste. Die Türen schlossen sich mit einem Knall.

Marie schaute nach draußen. Da standen ihre Kolleginnen, lachten, redeten. Der Anwalt aus der Kanzlei von gegenüber. Marie schlug mit der Hand gegen die Scheiben.

Ich sehe oft um Mitternacht, wenn ich mein Werk getan und niemand mehr im Hause wacht, die Stern' am Himmel an. Lise sang

leise und setzte sich neben Marie. Wo fahren wir hin, fragte Marie. Sterne werfen Schatten, antwortete Lise.
Deshalb müssen wir einen Umweg machen.

Die Seiten der Straße

Windblüten Maschendraht
Gehe links
Rosenbäume Zäune
Gehe rechts
Sehe beide Häuser
Warte in keinem auf mich
schließe ein Auge schaue
mit dem anderen mich an
sammle Sonnenstrahlen
und rosa Wolken
klopfe an zwei Türen
öffne mir bleibe draußen
fange nicht von vorne an
gewinne Zeit
gehe rechts
gehe links
die Straße hinunter
auf Fußspitzen
einen Stein in der Tasche

plattenwege

unter dem sauerkirschbaum flecken vom gefallenen mädchen, fünf sommer lang ein auferstehen und ein trotziges ja, der pfau rasselt dazu in seinem takt, hummeln machen honig, sagt mutter, sitz still, keine hüpfer mehr auf den platten, es will aber doch, zum bahndamm, den es nicht gibt, füße laufen in verschiedene richtungen, eine dampflok zischt und stampft, verfolgt das mädchen bis zur fritz-reuter-straße nummer zehn, der hühnerstall steht im weg und kräht, das mädchen muss erbsen ausdöppen, ein fingerspiel, es tut ganz eifrig, zieht den bohnen die fäden ab, entsteint die sauerkirschen mit einer alten, aufgebogenen haarnadel, immer still sitzen und fleißig sein soll das mädchen, doch hahnenfuß wächst sich nicht aus, es nickt dazu, die wäsche flattert mit adenauers rosen im westwind, randsteine kriegen pickel, erhardt schlägt margarine zu butterbergen, die mutter, das mädchen und der teppichklopfer können nicht still sitzen, hinter dem hänselstall wohnen die schweine auf der wiese für röcke und hühner, es blüht und summt, das mädchen guckt in die luft, da, eine wolke, wie ein hahn, es klatscht, der pfau schreit, spreizt sein gefieder, ein zapfen vom letzten jahr vergibt sich, mutter näht und flicht keine zöpfe, sauerkirschen halten immer zusammen

gevierteilt die gartenbeete, für alle fälle, ruft die himbeerhecke, ein blumenkohl spielt familie, hinter den büschen mit toten johannisbeeren kehrst du fremden dreck zu den purpurwicken, der dich was angeht, die königskerzen bewachen den eingang,

ein neues plattenparadies, du springst in die zementgrube,
zählst hausnummern rückwärts, wirst gerettet und verwechselst
die klingelknöpfe, jetzt wohnst du gegenüber in nummer neun
und krähst immer noch mit dem alten hahn, mutter schrubbt
platten und disteln, lavendel summt blau, sieben jahre pfeift der
pfau und duckt sich im mietergewissen, stutzt brav die hecke
wie die kurzarbeit an montagen und bindet den schnittlauch
kurz an, unter deinen füßen kieselt es, du stolperst, das kennst
du, die große gartenplatte ist zerbrochen, in den ritzen blüht der
ginster, die schaukel knirscht nicht mehr mit deinen zähnen, luft-
maschen hängen sich auf in den salatbeeten, du bringst vater den
henkelmann, samstags gehört er dir, bald kriegen wir eigenen
waschbeton, mutterworte im wirtschaftswunder, der vater malt
druckerschwärze auf den kohlweißling, du reitest auf fury
durchs plattenbild, schläfst im wald und krähst dir was bis zum
morgen grauen, mutter näht für dich ein kleid, und der hahn
kommt nur zum waschen

keine rücksichten mehr auf den platten wegen, grenzen ohne
zöllner, switched on bach, die neue platte, der takt ist schneller
geworden, zwei achtel, sie hat eine neue adresse, die quersumme
macht wieder zehn, zurück zum anfang, die neuen nachbarn ha-
ben einen schnellen garten, keinen von nutzen, stangenbohnen
schaukeln an fäden, der hahn kräht zum dritten mahl, sie will
nicht mehr wachsen, noch zweimal läuten osterglocken eltern-
tage aus, die es nie gegeben hat, sie kitzelt sich mit einer pfauen-
feder, lernt sich lieben zwischen fingerspitzen und träumen, am
jägerzaun setzen platten moos an, sie hat keine zeit mehr und

zerkratzt mit dem küchenmesser den waschbeton, macht kaputt, was sie kaputt macht, mutter näht für sich und trägt es nicht, letzte erntezeit, erbsen und bohnen

die sinfonie des schicksals steht schmiere, ich habe wieder eine neue anschrift, spiele mich weg aus der nummer zwei, auf dem balkon skandiere ich mit hoch erhobener faust hồ-hồ hồ chí minh, wie im fernsehen schieben sich platten übereinander, im weißen konfirmationskleid stehe ich neben einer uniform, gottes gewissen lacht unter dem pflaster wie ein gefallenes mädchen, ich erinnere mich und wische die flecken weg, trage nur noch cordhosen, pfau und hahn verzehre ich mit messer und gabel, mutter näht noch drei jahre, sie und ich und der teppichklopfer können nicht still sitzen, wir gehen rückwärts, ich zähle mich aus, ein trotziges ja, von hausnummer zwei starte ich vom sauerkirschbaum, meine blaue zündapp knattert vom platten weg

Renate

Renate stieß in der zweiten Klasse des Gymnasiums zu uns. Sie war gerade sitzen geblieben. Mit dreizehn Jahren trug sie teure Kleidung in den Schockfarben pink, giftgrün, knallgelb, und stach damit aus den grauen Mäusen der 6B heraus. Sie führte jeden Tag etwas anderes vor, Minikleider mit schicken Gürteln, breite Haarbänder und enge Jeans, während ich immer noch in altbackenen Mädchenkleidern und mit meinem praktischen Kurzhaarschnitt herumlief. Trotz ihrer extravaganten Kleidung hatte Renates Wesen etwas Unschuldiges, das an Wehrlosigkeit grenzte. Ich erinnere mich an einen kalten Tag im November, als wir in der Weststadt bis in die Dämmerung hinein gemeinsam Spenden für das Müttergenesungswerk sammelten.

Renate lebte mit ihren Eltern am südlichen Stadtrand in einer düsteren Gründerzeitvilla mit einem Türmchen und bunten Bleiglasfenstern. Ihr Vater war Biologe und betrieb in den unteren Etagen des Hauses ein Forschungslabor. Als wir in Bio einfache Mehrzeller durchnahmen, brachte Renate von zu Hause einige Süßwasserpolypen in einem mit Wasser gefüllten Einmachglas mit. Ich war schwer beeindruckt. Nach der Schule strolchten wir manchmal in einer verlassenen Kiesgrube beim alten Wasserturm herum und fingen Molche in einem Baggerloch.

Renates Mutter trank, und einmal vertraute die Tochter mir an, dass sie den Kopf ihrer Mutter aus dem Backofen des Gasherds gezogen hatte, um sie vom Selbstmord abzuhalten. Ich erinnere mich daran, dass ich mich darüber nicht groß wunderte, drohte doch meine Mutter bei jeder Lappalie damit, in den Wald zu gehen und sich zu erhängen.

Renate begann früh, sehr ausladende weibliche Formen zu entwickeln. Eines Tages trug sie in der Schule eine durchsichtige weiße Spitzenbluse, durch die man den BH sehen konnte. Wir hatten Musikstunde. Unser Lehrer war Kriegsveteran und konnte stundenlang über seine Erlebnisse in der Schlacht um Stalingrad schwadronieren. Auch an diesem Tag hatte er sich wieder in Rage geredet. Auf einmal stürzte er auf Renate zu, packte ihre Bluse am Ausschnitt und riss daran herum, schwer erregt, ob aus Wut oder Geilheit war nicht auszumachen, und schrie etwas, das ich vergessen habe. Ich verteidigte meine Schulkameradin, und der alte Nazi ließ eine Tirade los, in der er mich als wahren Nazi diffamierte. Renate selbst sagte kein Wort, obwohl ihre Bluse ziemlich ramponiert war.

Ich war immer ein braves gefügiges Kind gewesen, aber mit 14 Jahren begann ich, wider den Stachel zu löcken. Renates Kleidungsstil, der inzwischen auch Hippie-Elemente enthielt, hatte es mir angetan. Eines Morgens wollte ich mich auf den Weg zur Schule machen, bekleidet mit einer hautengen rehbraunen Samtcordhose mit einem kleinen Flicken auf dem Knie, giftgrün mit orangen und lila Blümchen darauf. Selten hat ein so kleines Stück Stoff eine größere Wirkung erzielt. Meine Mutter brüllte mich an, dass ich so nicht zur Schule gehen könne. Dann prügelte sie hemmungslos auf mich ein. Ich verließ die Wohnung, selbstverständlich mit Cordhose und Flicken, es war Gründonnerstag, und verbrachte, ohne meinen Eltern Bescheid zu sagen, die folgenden

Tage bis einschließlich Ostermontag bei Renate in ihrem Mädchenzimmer mit den Flokatiteppichen und den bunten Tüchern an der Wand. Um uns herum lagerten Jungen, die Renate scheu bewunderten, vielleicht auch, weil sie so freigiebig von ihren Drogen spendierte. Renates Eltern waren entweder nicht zu Hause oder es war ihnen egal, was ihre Tochter trieb. Meine Eltern taten so, als wäre nichts, als ich nach mehreren Tagen wieder zu Hause auftauchte. Offenbar hatten sie nicht einmal die Polizei eingeschaltet. Sie hatten wohl lediglich bei meiner Tante nachgefragt, ob ich bei ihr wäre. Dabei hatte ich damals schon längst eine andere Familie, und zwar Renate mit ihrer Clique, die alles an Drogen durchprobierte, was auf dem Markt zu kriegen war. Ich selbst nahm nichts davon, war aber sehr fasziniert, wenn die anderen von ihren LSD-Trips erzählten. Mir reichte schon mein damaliges Lieblingslied von Pink Floyd „In a lazy watermeadow", um mich in psychedelische Sphären zu versetzen.

Ein Jahr darauf gab ich meine Scheu vor Drogen auf und erlebte meinen ersten, drei Tage andauernden Horrortrip. Renate vermutete, dass der Schwarze Afghane mit Opium versetzt gewesen war, als ich ihr die Symptome, Dauerpanik und einen rasenden Puls, schilderte. Den Shit hatte sie bei Slavko gekauft, einem Großdealer, von dem alle nur mit Ehrfurcht sprachen. Ich erinnere mich noch deutlich daran, wie alleingelassen ich mich in meiner Angst fühlte, während Renate mit den anderen am runden Sandkasten im Park saß und verklärt lächelte. Sie meinte nur sachkundig, dass ich mir Valium organisieren müsse, wenn ich nicht bald wieder runterkäme. Diese Erfahrung kurierte mich nachhaltig und bewahrte mich vor allem zukünftigen Drogenkonsum. Ich wusste instinktiv, dass mich ein einziger LSD-Trip den Verstand gekostet hätte.

Wenig später besuchte mich Renate zu Hause. Ich weiß nicht mehr, ob sie gerade dicht war. Jedenfalls lobte sie geistesabwesend die hübschen Kissen auf meinem Flokati und meine fürsorgliche Mutter, die uns zu Kaffee und Kuchen einlud. Renate wusste nichts von dem Gebrüll, den brutalen Schlägen meiner Eltern und dem Tablettenmissbrauch meiner Mutter, die mich verschwörerisch lächelnd zu meinem ersten Drink und einer Zigarette eingeladen hatte, als ich fünfzehn Jahre alt war.

Trotz ihres provozierenden Aussehens war Renate mit 18 Jahren die letzte in unserer Clique, die ihre Jungfräulichkeit verlor, an Slavko, der mit Anfang dreißig ein alter Mann in unseren Augen war. Damit saß sie sozusagen an der Quelle. Sie heirateten und Renate hing schnell an der Nadel. Sie war noch vor dem Abitur von der Schule abgegangen. Einem Abitur, das der Biologenvater so sehr ersehnt hatte, dass Renate ihm eine karikierende Tonplastik gewidmet hatte, die sie an der Brust ihres gerührten Vaters zeigte, sich selbst mit einem bebänderten Abiturientenhut.

Renate wurde bald nach der Heirat schwanger, heroinabhängig, und brachte einen Sohn zur Welt, „Jug", was auf Deutsch „Süden" heißt. Ich besuchte sie damals, als sie mit ihrem Mann in einer kleinen Dachgeschosswohnung lebte. Zwei Jahre darauf folgte der zweite Sohn, der „Maj", was „Mai" bedeutet, genannt wurde. Slavko dealte nach wie vor in großem Stil. Dennoch musste die Familie bald in eine städtische Einfachwohnung mit

Außentoilette ziehen. Renate schaffte jetzt an, und die Freier wurden in demselben Raum bedient, in dem ihre Kinder schliefen. Ich meldete diese Zustände dem Sozialamt, da ich der Ansicht war, dass die Söhne vor ihrer Mutter und Renate vor sich selbst geschützt werden müssten. Die Kinder, die beide sehr spät sprechen gelernt hatten, kamen daraufhin in eine Pflegefamilie. Ich hatte deswegen lange ein schlechtes Gewissen. Meine Mutter begleitete mich manchmal, wenn ich Renate besuchte, und versorgte sie mit praktischen Mitbringseln. Dabei hatte ich den Verdacht, dass meine Mutter sich auch eine süchtige Tochter wünschte, um die sie sich kümmern konnte.

Dann riss meine Verbindung zu Renate ab. Ich versuchte, mir in einer schwäbischen Kleinstadt ein eigenes Leben aufzubauen, kämpfte mit Studium und Depressionen. Von meiner Mutter, die den Kontakt zu Renate hielt und ab und zu in deren Wohnung auftauchte, um mir dann mit wohliger Faszination von den Zuständen dort zu berichten, hörte ich manchmal neue Hiobsbotschaften. Ihr Vater, der sehr vermögend war und inzwischen eine neue Familie hatte, hatte sie mit 10.000 Mark als vorzeitiges Erbe abgespeist und eine Verzichtserklärung auf weitere Ansprüche von ihr verlangt. Vermutlich hat sie sich das Geld in kurzer Zeit durch die Nadel gejagt.

Als ich lange Zeit später einen alten Freund aus unserer damaligen Clique aufsuchte, erzählte er mir, dass Renate in der Drogenszene von Amsterdam erstochen worden war. Sie wurde dreißig Jahre alt.

Am Bach

Golden schimmert die Wasseroberfläche des Bachs. Das Wasser gurgelt und ruft nach dem Kind.

Komm, und halte Deine Füße in mich, schau, auch die kleinen Fische sind da, komm, setz Dich auf den Stein.

Das Kind lacht.

Es springt auf den Stein in der Mitte des Bachs. Vor ihm läuft er über einen kleinen Wasserfall.

Wo kommst Du her, fragt das Kind. Das Wasser hüpft und gluckst über die Steine.

Von Urzeiten, ich war überall und fließe immer weiter, bis ins große Meer.

Unter dem Wasserfall ist das Wasser tief und dunkel, das Kind sieht eine Gestalt auftauchen, schon ist sie wieder weg. Sonnenstrahlen glitzern auf dem Wasser. Ganz tief unten auf dem Grund, und noch ein wenig tiefer, ist die grüne Wiese mit den Blumen. Dort, wo der kleine Klaus ist, den der große Klaus in seinem Sack mitbrachte und ins Wasser fallen ließ, so hat es die Tante erzählt. Es sieht den kleinen Klaus auf der Wiese im Garten der Frau Holle, den Weg zum Ofen, in dem das Brot gebacken wird, den Apfelbaum.

Nicht auf die Ohren, hatte die Mutter zum Vater gestern gesagt, nicht, dass das Trommelfell platzt. Der Vater hatte nicht inne gehalten, ihm weiter ins Gesicht geschlagen und auf die Ohren. Das Kind hatte versucht sich zu schützen, sich die Hände vors Gesicht zu halten, aber die starken Hände des Vaters hatten die Hände des Kindes mühelos weggewischt und hatten weiter geschlagen. Blut war aus seiner Nase auf den Pullover getropft. Jetzt wird er aufhören, hatte es erschrocken gedacht, aber die Schläge waren weiter nieder geprasselt. Der Vater hatte schwer geatmet. Er schlägt so lange zu, bis seine Wut vorbei ist, das wusste es. Zuvor hatte er es gerufen und es war nicht schnell genug gekommen, ihm zu helfen. Abends weinte sich das Kind in den Schlaf, seine Puppe fest an sich gedrückt.

Beim Spielen war es gewesen, bei der Freundin, hatte die Zeit vergessen, sie vergessen wollen. Es wollte nicht beim Vater arbeiten, wollte lieber spielen und Roller fahren, auf den Heuboden klettern, der so viele Löcher hat, dass es einmal heruntergefallen war und keine Luft mehr bekommen hatte. Das Kind schaut ins Wasser, spürt, wie die Tränen kommen, hält sie nicht zurück, obwohl es das längst kann. Wenn der Vater schlägt, steht es still und weint nicht, auch wenn es so weh tut. Nur die Hände hält das Kind dann vor das Gesicht. Wird es ihm so gehen wie der Tante, die durch einen Autounfall das Gehör verloren hat und seither mit im Haus der Eltern wohnt?

Wenn das Kind am Ufer auf den großen Steinen entlang hüpft, wird es oft erst wach, wenn es im kalten Wasser liegt. Dann wird die Mutter ärgerlich. Pass doch auf, sagt sie dann, träum nicht. Träum nicht, sagt die Lehrerin oft zu ihm, und schau ein bisschen fröhlicher.

Ruhig und sonnig ist es am Bach, kein Geräusch zu hören. Jemand spricht, das Kind hört nur Gemurmel, versteht nichts. Als wäre eine Wand gewachsen, fest und durchsichtig. Es hört einen Gesang, gibt sich ihm hin. Es schwimmt im klaren Wasser, steht vor dem Ofen der Frau Holle, es sieht die helle Weite der Welt.

Die Mutter hat so sanfte Augen, auf der Fotografie, die neben dem Bett des Kindes steht, die Haare fallen ihr weich auf die Schultern. Ihr Gesicht, schön wie das eines Engels. Wenn doch die Mutter es nur öfter so anblicken würde. Ob seine Augen auch so aussehen? Es möchte sein wie die Mutter.

Abends wickelt die Mutter den Verband von ihrem linken Bein und streicht zart um die offene Stelle am Knöchel. Während sie frische Salbe darauf streicht, rollt ihr das Kind die Binde sorgfältig auf. Das Kind sieht den mühsam verhüllten Schmerz im Gesicht der Mutter. Meist hat sie die Mundwinkel nach oben gezogen, weil es besser ist zu lächeln. Dem Leben lächelnd ins Gesicht schauen, sagt die Mutter. Schau in den Spiegel, sagt sie, und das Kind schaut, versucht sich mit den Augen der Mutter zu sehen, wartet, bis sich nichts mehr zeigt, nur noch das Lächeln.

Weiter vorne am Ufer steht die große Erle, ihre Zweige hängen tief über dem Wasser, ein großer bunter Schmetterling flattert vorbei.

Einen Schutzengel habe es, das sagt die Oma. Das Kind sieht ihn oft abends, wenn es im Bett liegt und auf die Mutter wartet. Der Schutzengel hat ein weißes Kleid an und er hat Hände, die so groß sind, dass sie ein Kind an der Hand festhalten können. Die Flügel stehen ein wenig ab. Die Oma sagt, dass er das Kind sogar beschützen könnte, wenn es über eine wackelige Brücke geht.

Wenn das Kind mit der Mutter in die Kirche geht, dann trägt es das schwarze Kästchen mit den aufgerollten Kerzen mit sich, die die Oma in der Kirche angezündet hat, wenn sie mit den alten Frauen den Rosenkranz gebetet und das Kind mitgenommen hat.

Jetzt ist die Oma nicht mehr da. Das Kind schaut in den blauen Himmel mit den weißen Wölkchen. Dort oben wohnt Gott, das hat die Oma ihm gesagt und dass er immer auf es herunter schaut. Ob auch die Oma jetzt gerade zu ihm heruntersieht?

Das Kind schaut aufs Wasser, etwas spiegelt sich darin, die Zeit wird endlos, sein Kopf ist schwer. Seine eine Hand fühlt sich anders an als die andere, als gehörten sie nicht zusammen, als wären lauter einzelne Teile an ihm. Es will aufstehen, nach Hause gehen, sieht den kleinen Klaus auf der grünen Wiese. Die Augen des Kindes, sein Kopf und sein Körper entspannen sich.

Anna, komm jetzt endlich, ruft die Mutter ärgerlich. Der Vater sitzt schon im Auto, der Motor läuft.
Wo sie nur wieder bleibt, dauernd ist sie verschwunden und vergisst die Zeit, ruft er heraus.
In letzter Zeit ist Anna so unaufmerksam, geht es der Mutter durch den Kopf, wenn ich ihr etwas sage, braucht sie eine ganze Weile, bis sie überhaupt versteht, was sie tun soll. Ob sie sich Sorgen um ihre Tochter machen müsste? Aber ihre Arbeit lässt ihr so wenig Zeit. Der Vater steigt jetzt aus, Zornesröte überzieht sein Gesicht.
Herrgott noch mal, kann sie nicht einmal zur rechten Zeit da sein, wenn sie jetzt nicht kommt, fahren wir ohne sie. Er schlägt wütend auf das Auto. Wahrscheinlich hat sie wieder ein verletztes Tier gefunden und bringt uns Krankheiten ins Haus, schimpft er weiter.
Anna liebt alles, die Fische und jede Blume, denkt die Mutter und läuft die Gasse entlang zum Sandhaufen, an dem ihre

Tochter manchmal mit anderen Kindern spielt, glitzernde Murmeln liegen in einer kleinen Kuhle. Manchmal merkt sie erst nach einer Weile, dass Anna an ihr vorbei gelaufen ist. Es ist, als wäre sie durchscheinend, fast als hätte sie keinen Körper. Komisch, denkt sie, aber Anna war schon immer ein eigenwilliges und irgendwie besonderes Kind.

Sie beginnt sich Sorgen zu machen. Wieder ruft sie nach dem Kind. Heute hatte Anna ihre kurze buntgestreifte Hose angezogen und wollte noch ein wenig spielen.

Die Mutter läuft vorbei an der alten Wäscherei, zu der die Oma immer ihre Wäsche zum Mangeln gebracht hatte. Anna hatte ihr gerne dabei geholfen. Die Wäsche riecht so gut, hatte Anna immer gesagt und auch den heißen Dampf mochte sie. Vorbei noch am Garten, ein schmaler Streifen am Weg entlang. Von der Nachbarin hat Anna ein paar Erdbeerpflänzchen bekommen, die sie dort sorgsam eingepflanzt hat. Sie werden nichts werden, denkt die Mutter, der Boden ist gar nicht geeignet und sie müsste öfters gießen.

Meist spielt Anna am Bach, die Mutter weicht den Pfützen aus, und ihr fällt der warme Sommerregen des letzten Tages ein. Am Bach schaut sie nach dem dunklen wilden Haarschopf ihrer Tochter. Ein großer bunter Schmetterling fliegt an ihr vorbei, die Sonnenstrahlen glitzern auf dem Wasser.

[Romanauszug]

Autorinnen

Sharlene Anders

Sharlene Anders (*1979) ist Düsseldorferin, lebt aktuell in De-tmold und möchte so schnell wie möglich wieder in eine Groß-stadt.

Weltwirker ist ein phantastisches, transmediales Story-Univer-sum, das sie bereits seit zehn Jahren begleitet. Weitere regelmä-ßige Veröffentlichungen sind geplant.

Bisherige Arbeiten umfassen die Webserie *Jeder Ist Mal Dran*, die Romane *wolkenlos* und *Kopf. Offen* sowie diverse Theaterarbeiten. Als begeisterte Hard Rock Sängerin betreibt Sharlene Anders den YouTube Kanal *Shallalla – All Things Singing*.

Kerstin Anhalt

Geboren 1963 bei Stuttgart, Abitur, Studium an der Universität Konstanz, berufliche Tätigkeiten im Automotive und Consul-ting. Leben im Ausland, 2004 Rückkehr nach Deutschland mit kreativem Neubeginn. Sie lebt, schreibt und malt im Süden Deutschlands, am Bodensee.

Gabriele Auth

lebt auf einem Bauernhof im Ruhrgebiet. – Sie ist Bloggerin, schreibt Kurzgeschichten, Bilderbücher, Romane und Lyrik. Die Inspirationen für ihre Geschichten findet sie auf ihren Reisen, aber auch vor ihrer eigenen Haustür. – Ihre Mitgliedschaften: Autorinnenvereinigung, Bücherfrauen, BVjA (Bundesverband junger Autoren und Autorinnen).

Veröffentlichungen: *Lebensmomente*, Anthologie, 2013; *Jedes Wort ein Atemzug,* 2014; *Trümmerseele, Anthologie, 2015; Mensch lernt von Mensch,* Kurzprosa, 2015; *Juli – What the Bird said,* Roman, 2017. – Näheres siehe: Blog gabiauth.com

Ulrike Bail

Geboren 1960 in Metzingen (D). Studium der Germanistik und Evangelischen Theologie in Tübingen, Promotion und Habilitation an der Ruhr-Universität Bochum. Sie lebt seit 2005 in Luxemburg und arbeitet heute als Schriftstellerin.

Neben Veröffentlichungen in Zeitschriften und Anthologien veröffentlichte Ulrike Bail mehrere Gedichtbände und einen Gedichtzyklus. – Für ihre Lyrik wurde sie mehrfach ausgezeichnet, zuletzt 2020 als *AV-Autorin des Jahres* der Autorinnenvereinigung und mit dem 1. Preis des *Concours littéraire national* in Luxemburg. Einige ihrer Gedichte wurden ins Französische, Englische, Russische und Arabische übersetzt.

Näheres siehe: www.ulrike-bail.de

Dr. Maria-Jolanda Boselli alias Marie Bastide

Maria-Jolanda Boselli alias Marie Bastide, geb. in Frankfurt, lebt heute mit Familie und Tieren in München.

Die gelernte Philologin und Theologin gewann mit 14 ihren ersten Lyrik-Preis. Als freie Journalistin schreibt sie vor allem in den Bereichen Politik und Soziales, Reisen und Design. – Neben regelmäßigen Publikationen in Fachmedien, Anthologien und im Internet und ihrer Spezialität „Bibelkrimis" kommentiert sie in ihrem Blog mariebastide.blog das Leben an sich und mit einer dementen Mutter. – Seit 2012 ist sie aktives Mitglied der Autorinnenvereinigung und dort im Vorstand.

Ihr Motto: Ich schreibe, also bin ich. Erlebtes ist für sie nur als Geschriebenes Teil ihrer Realität. Näheres siehe: www.boselli.de und www.mariebastide.blog

A.S. Dowidat

A.S. Dowidat wurde 1970 in Duisburg geboren. Sie studierte ev. Theologie und Rechtswissenschaften und arbeitete bislang als Zeitungsbotin, Psychiatriepförtnerin, Verwaltungsjuristin, ev. Pfarrerin und Klinikseelsorgerin.

Zahlreiche Veröffentlichungen in Literaturzeitschriften und Anthologien (u. a. *Gruß in die Heimat*, in Konzepte, Zeitschrift für Literatur 2015), der Roman *Herr Jakob träumt* stand 2018 auf der Shortlist des Deutschen Selfpublishing-Preises, der Roman *Die Geschichte von Ulrich, der bei IKEA einzog und das Glück fand* erschien 2020. Näheres siehe: https://www.asdowidat.de/

Barbara Finke-Heinrich

Barbara Finke-Heinrich lebt in Witten, Arbeitsschwerpunkt Lyrik, Mitglied im Wittener Autorinnen- und Autorentreff sowie in der Hattinger Autorinnengruppe „Wortwechsel".

Veröffentlichungen erfolgten in Anthologien, Zeitschriften, Kalendern und auf Plakaten in Deutschland, Österreich und Polen. – zuletzt in: Poesiealbum *neu*, „Heimat & Heimatverlust. Gedichte", Zeitschrift der Gesellschaft für zeitgenössische Lyrik e.V. in der Edition *kunst & dichtung*, Leipzig 2020; POING IN WORT UND BILD | ZUKUNFT, Hrsg. Vater und Vömel, vau-vau-verlag, Berlin 2020; Wie wir uns täglich umgeben, Hrsg. Wittener Autorinnen- und Autorentreff, Witten 2020. Einige Preise und Auszeichnungen, u. a. Goldstaub Lyrikpreis 2016.

Schaut gerne über den Tellerrand. [www.wittener-autorentreff. de/mitglieder/barbara-finke-heinrich]

Claudi Feldhaus / Amalia Frey

Claudia Amalia wurde 1987 in Schorfheide geboren. Seit 2007 ist sie Berlinerin und wohnt, schreibt, liest, isst, jobbt und liebt in Ostberlin. Von 2010 bis 2013 studierte sie Belletristik. Sie ist seit 2018 Mitglied der Autorinnenvereinigung e.V. und seit 2019 Schwester im Nornennetz.

Romanveröffentlichungen: 2013 von Claudi Feldhaus: Familie, Liebe und andere Sorgen – Berliner Frauenroman; 2014 von Claudi Feldhaus: Zimazans – Dystopische Romantasy; 2017 von Claudi Feldhaus: Vegane Waffeln – Berliner Frauenroman; 2018 als Amalia Frey: Seine sensible Seite – Feministische Romance; 2020 von Claudi Feldhaus: Die Güte des Goldes – Urban Fantasy; 2021 als Amalia Frey: Alvine Hoheloh, Blaustrumpf – Historischer Liebesroman. Derzeit entsteht eine historische Reihe.

Näheres siehe: https://www.kakaobuttermandel.de/

Petra Ganglbauer

Geboren 1958 in Graz. Sie lebt als freiberufliche Autorin, Radiokünstlerin in Wien und im Burgenland. Ihr Werk umfasst u. a. Lyrik, Prosa, Theorie, Hörstücke, Hörspiel, Projektkonzeptionen. Ganglbauer war von 2007 bis 2019 Vorstandsmitglied der Dokumentationsstelle für neuere österreichische Literatur, DOKU und von 2013 bis 2019 Präsidentin der Grazer Autorinnen Autorenversammlung, GAV. Sie ist Präsidentin des Berufsverbandes Österreichischer Schreibpädagoginnen, BOeS, Vizepräsidentin des Vereins für interaktive Raumprojekte.

Preise und Stipendien u. a.: Mehrere Staatsstipendien, Projektstipendium des BKA, Literaturförderungspreis der Stadt Graz, Literaturförderungspreis der Stadt Wien, Theodor-Körner-Förderpreis, Buchprämien, Reisestipendien, Halma Stipendium für Bulgarien und Irland. Sonderpreis der Edition Art Science anläßlich des Feldkircher Lyrikpreis. Veza Canetti-Preis der Stadt Wien. – Die Liste ihrer Veröffentlichungen sind zu finden auf: http://ganglbauer.mur.at

Angela-Marcella Gerstmeier

Angela-Marcella Gerstmeier, geb. 1955 in Berlin, ist Lyrikerin, Diplomoecotrophologin, Entwicklungshelferin und Berufsschullehrerin.

Preise: 3. Bonner Literaturpreis 2016 (2. Platz); Hauptgewinnerin Mannheimer Heinrich-Vetter-Preis für Literatur 2009, Sparte Lyrik.

Veröffentlichungen: zuletzt Versnetze 13, Hrsg. Axel Kutsch, 2020; Versnetze 11, Hrsg. Axel Kutsch, 2018; Dichtungsring Nr. 48, 2016; Bawülon 4 /2015; Federwelt Nr. 98 und Nr. 101, 2013; Wortschau 16, 2012; Frieden ist mehr...", Hrsg. Kulturring in Berlin e.V., Berlin 2012; Versnetze Vier, Hrsg. Axel Kutsch, 2011; „Mein Herz singt erst am Wasser", Gedichte, Czernik-Verlag, Edition L, Hockenheim, 2009.

Näheres siehe: http://www.lyrik.angela-m.gerstmeier.eu

Rea Gorgon

Rea Gorgon lebt und arbeitet als Philosophin (Gesprächs-Praxis), Schriftstellerin und Lyrikerin in Berlin. – Ihre universitäre Ausbildung zur Philosophin, Historikerin und Pädagogin erfolgte in

Münster und Berlin. – Schwerpunkte ihrer Arbeit sind: *dialogische Kommunikation, sexualisierte Gewalt, Genderforschung, Täter-Opfer-Dynamik, Schuld, Sühne, Gerechtigkeit und biographische Lebensbewältigung.* – Veröffentlichungen von Artikeln, Rezensionen, Meditationen und Gedichten in diversen Zeitschriften und Anthologien. 2017 Veröffentlichung des Kunstbandes *LEONIDEN* gemeinsam mit der Künstlerin Marion Intzen-Schiff. 2020 erschien ihr Buch: *„Lebenslänglich – Über Sexuellen Missbrauch in der Familie und anderes Böse zwischen Nachkriegsschweigen und Erinnerung".* Siehe auch: www.rea-gorgon.de

Angela Grundt

Geb. 1968 in Dresden, arbeitete sie u. a. in der Filmproduktion als Location Scout und war in Berlin in Galerien tätig. Ihre Arbeit dort als „Mädchen für alles" schärfte den Blick für alles Zukünftige. – Nach einem abgeschlossenen Studium bei der *Textmanufaktur*, das sie als Jahrgangsbeste abschloss, erschien sie in der Jahresanthologie der Textmanufaktur 2016/2017, Titel *Feuerfalter,* mit dem "Drehbuch für eine Nacht". Weiter ist sie an der Textveröffentlichung "Alle wissen Alles" beteiligt, die 2019 bei Dorante Edition erschien. Aktuell arbeitet sie an einem Buchprojekt, das ihre Erzählungen veröffentlichen wird.
Angela Grundt lebt in Brandenburg.

Helga Gutowsi-Krüger

Helga Gutowski-Krüger wurde 1945 in Hamburg als jüngstes von fünf Kindern geboren. Gemeinsam mit ihrem Mann, zwei erwachsenen Kindern und zwei Enkelkindern lebt sie in Flensburg. – 40 Jahre lang arbeitete sie als Lehrerin an der Fachschule für Sozialpädagogik, daneben bis 2018 als Gestalttherapeutin in einer psych. Beratungsstelle. – Für das Bundesland Schleswig-Holstein rezensiert sie Kinder- und Jugendbücher für die AJuM, GEW (Arbeitskreis Jugendliteratur und Medien/ Gewerkschaft Erziehung und Wissenschaft). – Bisher sind von ihr folgende Bücher erschienen: 2013: *Vorher war sie einfach Marta*, ein Buchstabenbilderbuch für Erwachsene; 2014: das Kinderbuch *Sandersommer*, nominiert für den Oldenburger Kinder- und Jugendbuchpreis; 2015: das Jugendbuch *Graukatze* und 2020: den Roman für Erwachsene *Das Kind zwischen den Häusern*.

Ann E. Hacker
Ann E. Hacker ist gebürtige Nürnbergerin und lebt seit über 40 Jahren in München. Unter mehreren Pseudonymen ist sie in vielen Genres aktiv: Vom München-Sachbuch über Kinderbücher bis hin zu romantischen Romanen und Krimis hat sie zahlreiche Bücher veröffentlicht. Gemeinsam mit zehn anderen Autorinnen der „International Women Writing Group" hat sie zugunsten der Deutschen Krebshilfe den Episodenroman „Lost and Found in Camden" verfasst.
Sie liebt die Leichtigkeit der angelsächsischen Literatur und verbindet sie in ihrer erfolgreichen Serie „Café Hannah" mit einer warmherzigen Lebensnähe. Siehe auch: www.cafe-hannah.de

Astrid Hoffmann
Astrid Hoffmann, in Berlin geboren, studierte an der Freien Universität Berlin Publizistik (Magister Artium), an der Universität der Künste Kulturjournalismus, arbeitete bei der Pixelpark AG in der Konzeption.

2011 war ihr Buch „Zeit zu verschenken" Buch des Monats im Kulturportal der Märkischen Allgemeinen Zeitung. Sie schreibt Zwei-Minuten-Erzählungen („Zeit zu verschenken", „Wir Potsdamer, „Schönes neues Land") und Hörspiele („Im weißen Land der Fische", „Zettelwirtschaft" u. a.) und ist seit zehn Jahren Dozentin für Kreatives Schreiben.
Siehe auch: https://www.literaturport.de/Astrid.Hoffmann/

Nikola Huppertz

Nikola Huppertz, geboren 1976 in Mönchengladbach, lebt mit Tochter und Sohn als freie Autorin in Hannover.
Sie studierte Musik und Psychologie und experimentierte parallel mit dem Schreiben. 2007 gewann sie mit dem Manuskript zu ihrem Debütroman „Karla, Sengül und das Fenster zur Welt" den Literaturwettbewerb der Bonner Buchmesse Migration. 2015 erhielt sie den Lyrikpreis „Goldstaub" der Autorinnenvereinigung. – Für ihre zahlreiche Kinder- und Jugendbücher, Gedichte und Kurzprosa in Literaturzeitschriften sowie Geschichten für den Rundfunk wurde sie seitdem mit vielen Preisen und Stipendien ausgezeichnet.
Sie ist Mitglied des Friedrich-Bödecker-Kreises, der Lyrikgesellschaft und der Autorinnenvereinigung.
Siehe auch: https://nikola-huppertz.de/

Carmen Jaud

Carmen Jaud, geboren 1955 in Höchstädt, lebt und arbeitet in Augsburg als Dozentin, Autorin und Künstlerin. Sie leitet die Schreibwerkstatt im Frauenzentrum Augsburg, lehrt autobiografisches und therapeutisches Schreiben.

Literarische Tätigkeit als Autorin für Fachliteratur in den Bereichen Kunst und Bildung mit zahlreichen Veröffentlichungen in Fachzeitschriften und Sachbüchern seit 1995. – Ab 2015 Veröffentlichungen von Lyrik und Prosa in Anthologien und Zeitschriften. Ab 2016 Spoken Word Performances (Lyrik und Jazz) mit Walter Bittner und dem Wortlaut Quartett. – Jaud ist Mitglied der Autorinnenvereinigung.

Marlies Kalbhenn

Marlies Kalbhenn, geboren 1945, lebt in Espelkamp. Sie wurde in Hamburg zur Buchhändlerin ausgebildet, arbeitete danach in Buchhandlungen und einer Hochschulbibliothek im westfälischen Münster.

Nach Fernstudium war sie vierzig Jahre lang freiberuflich tätig. Literarisches Schreiben seit 1997, Publikationen von Gedichten und Geschichten nicht nur in Büchern des eigenen Verlags, sondern auch in Anthologien anderer Verlage.

Ausgezeichnet wurde sie u. a. mit dem ersten Schleswig-Holsteinischen Krimipreis „Nord Mord Award". – 2019 erschien in Berlin ihr Buch: „Was für ein Glück! Eine Kindheit zwischen Trümmern und Wirtschaftswunder".

Näheres siehe: www.marlies-kalbhenn.de

Sibylle Kirch

Geboren 1963 in Kaiserslautern. Nach Stationen in Paris und Essen lebte sie von 1985 bis 2003 in Berlin und studierte dort Landschaftsplanung und Tourismus. – 2003 zog sie mit ihrem Partner und ihrem Sohn nach Potsdam-Babelsberg. Dort arbeitet sie heute freiberuflich als Osteopathin und Autorin.

Geschrieben hat sie immer viel und gerne. 2002 veröffentlichte sie das Sachbuch *Auf Umwegen zum Erfolg. Akademiker jenseits der klassischen Karriere* und 2008 *Aufgewachsen in Kaiserslautern.* Seitdem schreibt sie regelmäßig Kurzgeschichten und Sachtexte.

Anja Koemstedt

Freiberufliche Autorin (geb. 1968 in Memmingen, verheiratet, eine Tochter), schreibt Prosa und Lyrik, Radiofeatures und Hörspiele. – In den 90ern Studium der Germanistik und Philosophie in Freiburg (M.A.), Regieassistentin für Hörspiel und Theater. 2003 Umzug nach Berlin, 2008 nach Bielefeld, seit 2011 lebt und arbeitet sie meistens in Halle (Westf.), hin und wieder in Berlin. Seit 2004 Mitglied der Berliner Autorinnengruppe *alphabettinen* (www.alphabettinen.de). Sie bloggt regelmäßig im Wechsel mit ihren Kolleginnen auf https://alphabettinenblog.com.

Dr. Heide-Marie Lauterer

ist 1952 in Heidelberg geboren. Studium der Germanistik und Geschichte; Gymnasiallehrerin, Historikerin, zuletzt bei der Max-Weber-Edition an der Bayrischen Akademie der Wissenschaften.

Nach zahlreichen wissenschaftlichen Publikationen schreibt sie Romane, Kurzgeschichten und Reiterkrimis. Ihre Kurzgeschichten wurden in verschiedenen Anthologien sowie dem Band „Irre Geschichten" abgedruckt.

Sie ist Mitglied der Autorinnenvereinigung, der Heidelberger Literaturoffensive, dem hd-Textsalon und der GEDOK. Nähere Informationen sind auf ihrer Website zu finden:

www.heide-marie-lauterer.de/

Regina Lehrkind

Geboren 1969 in Trepuzzi/Italien, kreiert sie mit Worten Bilder und lässt diese sprechen, Erfahrungen festhalten, Unausgesprochenes sprechbar machen, den normalen Alltag verändern, alles in ein neues Licht bringen, Leben mit Wortkleidern schmücken. Sie lebt in Hagen/Westfalen, arbeitet als selbständige Unternehmerin für die Fachbereiche Office Management und Marketing und schreibt seit 1986 Lyrik und Kurzprosa. – Veröffentlichungen erfolgten in zahlreichen Anthologien, Artikeln und Lyrikbänden. Näheres siehe: www.wortkleiderwerkstatt.de

Mara Meier

Im Winter 1959 während eines Schneesturms in Zürich geboren, als junge Frau nach Chile ausgewandert, dort Botanik studiert, an der Universidad de Concepción geforscht und gelehrt, in Heilpflanzenprojekten für Frauen und in kulturellen Projekten der indigenen Mapuche mitgearbeitet. – Arbeitet nun seit mehreren Jahren in Solothurn als wissenschaftliche Bibliothekarin und als Tutorin für junge Migrantinnen. – Schreibt Sachtexte und diverse Arten von Kurzprosatexten.
Weitere Informationen siehe auf: https://www.mara-meier.ch/

Undine M. Pelny

Undine M. Pelny, geb. 1961, lebt und arbeitet als Sozialpädagogin in Leipzig. Hat mit Lyrik begonnen, später kam Prosa dazu, ist Mitglied in der Autorinnenvereinigung deutschsprachiger Autorinnen und Mitbegründerin der Regionalgruppe mitteldeutscher Autorinnen in Leipzig.
Sie veröffentlichte: 2000: Gedichte in der Anthologie „Und hab

kein Gewehr" des Dreieck-Verlags. 2003: Gedichtband „Fallbeil-Spiele". 2006: Zwölf Haiku im Haiku-Kalender des Dreieck-Verlags. 2012: Erzählungen in der Anthologie „Der Schlüssel liegt unter dem Stein". 2013: Nominierung für das Projektstipendium der Autorinnenvereinigung. 2014: Erzählungen in der Anthologie „Über kurz oder lang". 2018: Aufführungen des Hörtheaterstücks „Diesen Sommer trage ich weiß". 2019: Erzählung in der Anthologie „Ankommen in Leipzig". 2020: Zwei Gedichte in *Poesiealbum neu* „Hauptstadt der Sehnsucht/ New York-Gedichte".

Yvonne Powell
Die Autorin Yvonne Powell wurde 1977 in München geboren. Seit sie in der Schule das Schreiben erlernt hat, beschäftigt sie sich mit dem Erfinden von Geschichten. Sie hat eine Vielzahl von Kurzgeschichten in diversen Anthologien veröffentlicht und arbeitet u. a. als freie Lektorin.
Ihre zweite Leidenschaft gilt der Musik. Sie spielt Geige und tritt regelmäßig mit der Musik- und Lesegruppe „Leserei mit Geige" auf. Außerdem engagiert sie sich in der *Autorinnenvereinigung e.V.* (Schatzmeisterin) und im *Bundesverband junger Autorinnen und Autoren* (Lektoratsteam).
Sie lebt mit ihrem Mann und ihren beiden Kindern in Ottobrunn. Näheres siehe: www.satzkrobatik.de

Ulrike Schäfer
Ulrike Schäfer, geb. 1965 in München, lebt in Würzburg. Für ihre Prosa und Theaterstücke erhielt sie u. a. den Leonhard-Frank-Preis, den Würth-Literaturpreis und ein Stipendium im Stuttgarter Schriftstellerhaus.

Am Mainfranken Theater Würzburg wurden 2015/16 ihre Bühnenfassung „Die Jünger Jesu" nach Leonhard Frank und ihr musikalisches Schauspiel „Ein Widder mit Flügeln" uraufgeführt.
2015 erschien ihr Erzählband „Nachts, weit von hier" bei Klöpfer & Meyer. Sie tritt regelmäßig solo, mit Musikern sowie mit der Autorengruppe liTrio und der Lesebühne „großraumdichten & kleinstadtgeschichten" auf.
Siehe auch: www.ulrike-schaefer.de

Dr. Bettina Schmitz
Schriftstellerin und Philosophin. Um die Philosophie wieder mit ihren lebendigen Wurzeln zu verbinden, nutze ich den Reichtum weiblicher Erfahrung und Geschichte ebenso wie Briefe, Gespräche, Poesie und Alltag.
Langjährige Tätigkeit als Dozentin an der Uni Würzburg mit den Schwerpunkten feministische Philosophie, Philosophie und Sprache sowie künstlerischer Prozess.
Veröffentlichung von Aufsätzen, Lexikonartikeln und Büchern; zuletzt „Das kulturelle Gedächtnis und der Kosmos der weltweisen Frauen" 2016, einleitender Essay zu dem Philosophinnenbuch *Welt Weise Frauen* von Irene Trawöger und Marit Rullmann, sowie die Bücher *Revolution in Sapphos Garten. Briefbuch über Philosophie und Tanz* 2015, *das Gewebe der Welt* 2017, *das Mutterfell* 2020, hinzu kommen handgeheftete Gedichtbände im Privatverlag éditions betweena. – Teilnahme an den Rheinsberger Autorinnenforen 2002 und 2004, Vorstandsfrau der *Internationalen Assoziation von Philosophinnen* bis 2010, Praxis für Philosophie und BodyTalk im *bewegungs raum* in Würzburg, topographische Arbeit bei Ute Schiran, TanzTextPerformances und

Kurse gemeinsam mit der Tänzerin und Choreografin Lisa Kuttner; mehrere Publikationen zum Zusammenwirken von Wort und Bild(ern) mit der Malerin Traute Schneider-Zech.

Silvana E. Schneider

Ist 1953 in Süddeutschland geboren. Heute lebt sie in der Nähe von München. – »*Schreiben ist Kreativität und während des Schreibens liebe ich die immer wieder spannende Frage: Wohin führen mich meine Figuren, was wollen sie und wie weit gehen wir zusammen ...*« Fantasievolle Geschichten begleiteten die Autorin bereits durch Kindheit und Jugend, fanden zum Teil auch den Weg aufs Papier. – Ihr »Brotberuf« führte sie jedoch zunächst ins Kaufmännische und so arbeitete sie viele Jahre u. a. als kaufmännische Sachbearbeiterin für große Konzerne, bevor sie ein »Innehalten« während der Erziehungszeit wieder ans Schreiben erinnerte. Sie absolvierte ein journalistisches Fernstudium und war als freie Journalistin im Bereich Kultur tätig.

Nach zahlreichen Publikationen verlagerte sich ihr Schreiben schließlich ins Literarische: Es entstanden Lyrik und Prosa mit überwiegend gesellschaftskritischem Hintergrund, aber auch Glossen und Kolumnen, weil sie der Meinung ist, dass der Humor im Leben nicht zu kurz kommen darf! Ihre Bücher und weitere Infos finden Sie auf:

silvanaschneider.de.tl/

Brigitte Seidel

Wohnhaft in Südbaden. Dipl. Sozialpädagogin und freie Autorin. Von 2002 bis 2008 Mitarbeiterin der Badischen Zeitung als freie Journalistin mit Schwerpunkt Rezensionen.

Seit 2018 freie Übersetzerin. Seit 2019 Bloggerin.

Neben zahlreichen Auszeichnungen sei hier auf ihre Publikationen verwiesen: Libretto zu „Als die Tiere Schule machten", 1997; „Pachisi", Kindheit im Gedicht, 2000; „Mit 15 sagt man nicht mehr Mama", 2001; „Wetterleuchten", „verschüttete Liebe", lyrische Texte, LiK Wien 2001; „Unter den Toren Jerusalems", Literaturzeitschrift Ort der Augen, I/2004; „Rost-Blau" , Literaturzeitschrift Respekt 01, 2007; „Ich warte am Jakobsbrunnen", Erzählungen gegen Rechtsextremismus und Antisemitismus, 2009; „Binweben", Erzählung 2011.

Näheres siehe auf: https://www.brigitte-seidel.de

Tina Stroheker

1948 in Ulm geboren, nach dem Studium der Literaturwissenschaft, Geschichte und Politik zehn Jahre Lehramt, seit 1983 freie Schriftstellerin.

Mitgliedschaften: PEN-Zentrum Deutschland, Verband deutscher Schriftstellerinnen und Schriftsteller, GEDOK, Europäische Autorenvereinigung Kogge, Künstlergilde. Lebt in Eislingen/ Fils.

Zahlreiche Auszeichnungen, u. a. Stipendium Villa Massimo, Literaturpreis der Stadt Stuttgart, Andreas-Gryphius-Preis.

Publikationen (Auswahl): 1987 "Hinter der Stirn den Tod" (Gedichte); 1989 "Das Meer ist ein Gerücht" (Gedichte); 1998 "Polnisches Journal" (Prosa); 2003 "Pommes Frites in Gleiwitz" (Prosa); – 2008 "Was vor Augen liegt" (Gedichte); 2013 "Luftpost für eine Stelzengängerin" (Prosaminiaturen); 2018 "Inventarium. Späte Huldigungen" (Prosaminiaturen).

Siehe auch: www.tina-stroheker.de

Marion Tauschwitz

studierte Germanistik und Anglistik an der Ruprecht-Karls-Universität Heidelberg. Vor ihrer Schriftsteller-Tätigkeit arbeitete sie als Gymnasiallehrerin und Dozentin.

Marion Tauschwitz war engste Vertraute, Freundin und Mitarbeiterin der bekannten Nachkriegslyrikerin Hilde Domin (1909-2006), deren vielbeachtete Standardbiografie „Hilde Domin. Dass ich sein kann, wie ich bin" sie zu deren einhundertsten Geburtstag vorlegte.

2015 wurde Tauschwitz von der Autorinnenvereinigung e.V. zur Autorin des Jahres gewählt, deren Vorsitzende sie seit 2017 ist. Marion Tauschwitz ist Mitglied des VS Baden-Württemberg, Fachbeirätin Literatur der GEDOK. 2018 wurde sie in das PEN Zentrum Deutschlands gewählt. Tauschwitz lebt und arbeitet in Heidelberg, wo sie von 2015-2020 Sprecherin der Versammlung der Heidelberger Autorinnen und Autoren war. – Sie veröffentlichte zahlreiche Biografien, literarische Essays, Vorworte in Lyrikausgaben, Lyrik, Beiträge in Lexika, einen Roman, eine autobiografische Novelle. Siehe auch: www.marion-tauschwitz.de

Christine Thiemt

Geboren 1965 in Innsbruck. Übersetzerstudium an der dortigen Universität, zu dieser Zeit erste literarische Arbeiten, 1988 Abschluss und Übersiedlung nach Neckarsulm.

AV-Autorin des Jahres 2018. Preisträgerin verschiedener Wettbewerbe, unter anderem des Wiener Werkstattpreises 2000, des Preises des Autorinnenforums Berlin/Rheinsberg 2004, des Schwäbischen Literaturpreises 2010 und des Mannheimer Literaturpreises „Die Räuber '77" 2016/17.

Veröffentlichungen von Kurzgeschichten in Anthologien, u. a. in drei Anthologien zum Würth-Literaturpreis, der Anthologie zum Literaturpreis der Stadt Mannheim, der Anthologie zum MDR-Literaturpreis 2014 und drei Anthologien zum Schwäbischen Literaturpreis. Veröffentlichung von Gedichten u. a. im Jahrbuch der Lyrik 2005 und 2007 sowie in der Jubiläumsausgabe, die ebenfalls 2007 erschienen ist. [http://www.thiemt.de/]

Sylvia Tornau
lebt in Leipzig und arbeitet als Systemische Therapeutin im Rahmen der ambulanten Jugendhilfe und freiberuflich als Coach. Worte – gesagt, gehört, geschrieben – sind für sie der Ausgangspunkt für fast alles: Lebendigkeit, Klarheit, Intensität, Phantasie, Schmerz, Chaos. Sie geben aber auch Sicherheit und bieten ein sich stetig wandelndes zu Hause. – Sie schreibt und veröffentlicht seit vielen Jahren Lyrik, Kurzprosa, Prosaminiaturen und Essays. – Der vorliegende Text ist ein Auszug aus dem aktuellen Romanprojekt zum Thema Frauenleben vor, während und nach dem zweiten Weltkrieg.
Näheres siehe: www.tatmoor.de

J. Monika Walther
geboren in Leipzig, stammt aus einer jüdisch-protestantischen Familie, aufgewachsen in Leipzig und Berlin – und kreuz und quer in der ganzen Westrepublik; lebt seit 1966 im Münsterland und den Niederlanden, arbeitet seit 1976 als Schriftstellerin: Lyrik, Hörspiel, Prosa. Und immer wieder schreibt sie erfolgreiche Kriminalgeschichten. Sie erhielt zahlreiche Auszeichnungen, Preise und Stipendien. Näheres siehe: www.jmonikawalther.eu

Jutta Weber-Bock

Sie wurde 1957 in Melle geboren und ist dort aufgewachsen. Schon als Kind liebte sie alte Mühlen und Fachwerkhäuser. Sie studierte Germanistik und Philosophie an der Universität Osnabrück und ist ausgebildete Gymnasiallehrerin.

Im Jahr 1983 ist Jutta Weber-Bock mit einer Liebe nach Stuttgart gekommen und aus Liebe zur Stadt geblieben. Heute lebt sie im Heusteigviertel und joggt bei jedem Wetter zum Fernsehturm oder wandert in Istrien, auf der Suche nach Riesen und alten Bahnstrecken. – Sie ist freie Schriftstellerin sowie Dozentin und in verschiedenen Autorenvereinigungen aktiv.

Näheres siehe: https://weber-bock.de/

Angelika Wessbecher †

Angelika Wessbecher wurde 1955 in Süddeutschland geboren. Sie studierte Germanistik, Philosophie und Kunstgeschichte. Nach dem Studium arbeitete sie als Journalistin und Werbetexterin und organisierte Kunstausstellungen.

Ihre Veröffentlichungen (soweit bekannt): Radiofeature über Justinus Kerner, „Winternachmittag", ein Hörspiel; „Auch am Rande blühen noch Blumen", Filmporträt des Malers Heinrich Brendel. Weitere Veröffentlichungen in Anthologien: Glanzloses Mosaik, Nymphenspiegel, Liebe Laster Leben.

Angelika Wessbecher war Mitglied in der Künstlerinnenvereinigung IsarChillies und bei der Autorinnenvereinigung AV.

Ihr Motto: „Das Leben ist in weiten Teilen nicht so, wie ich dachte. Macht aber nix."

Sie starb im Februar 2020 in München.

Mehr von Angelika Wessbecher finden wir unter ihrem Namen auf: https://www.literatpro.de/

Petra Zeller

Petra Zeller studierte Biologie, Soziologie und Politik, arbeitete als Lehrerin und Bibliothekarin und hat Holzspielzeug entwickelt. Ausgebildet als psychoanalytische Gestalttherapeutin mit Weiterbildung im Sandspiel nach C. G. Jung, arbeitet sie für das Jugendamt im Bereich der Kindeswohlgefährdung und auch in der Flüchtlingshilfe mit traumatisierten Frauen und Kindern.

Sie schreibt entlang den inneren Abgründen der Menschen. Sie ist Mitglied im Literaturhaus Freiburg, schreibt Lyrik und Prosa und hat Kurzgeschichten in Anthologien veröffentlicht. Sie lebt in der Nähe von Freiburg im Breisgau.

Kontakt per E-Mail: petra.zeller@online.de

Die Autorinnenvereinigung e.V.

ist ein Netzwerk schreibender, kreativer Frauen.

Diese Anthologie

spiegelt die Vielfalt unseres Schreibens –

ein Geschenk für unterhaltsame Lektüre.

Mehr Informationen auf unserer Homepage:

https://autorinnenvereinigung.eu/